Lederer/Erhardt-Neger

Konflikte einkochen

Konflikte einkochen

Rezepte zur Streitbeilegung

von

Susanne Lederer

und

Kathrin Erhardt-Neger

mit Illustrationen von

Monika Frick

C.H.BECK

Über die Autorinnen

Susanne Lederer ist Klinische- und Gesundheitspsychologin sowie Mediatorin. Ihre langjährige Berufserfahrung macht sie zu einer profunden Expertin im Umgang mit zwischenmenschlichen Konflikten. Dieses Wissen gibt sie nicht nur als Dozentin an der Karl-Franzens-Universität in Graz an Studenten weiter, sondern auch in der Erwachsenenbildung. Mehr Infos unter www.weiterkommen.at.

Kathrin Erhardt-Neger ist Juristin und Mediatorin. Sie arbeitet als Journalistin im ORF Landesstudio Steiermark. Die Erfahrungen aus diesen drei Berufsfeldern nutzt sie, um komplizierte Fachsprache in allgemein verständliche, gut lesbare Texte umzuwandeln.
Beide Autorinnen sind auch leidenschaftliche Köchinnen. Und so lag es für sie nahe eine Rezeptesammlung der besonderen Art zusammen zu stellen, die jedem Streit den Garaus machen soll.

Die Illustratorin

Monika Frick ist Psychologin und Mediatorin. Sie arbeitet als Künstlerin und Grafikerin in Graz. Die Kombination ihrer Tätigkeiten macht sie zu einer idealen Illustratorin dieses Buches. Es gelingt ihr, den Figuren Emotionen und dadurch Leben einzuhauchen. Mehr Infos unter www.minzile.com

www.beck.de

ISBN 978-3-406-70185-6

© 2017 Verlag C.H. Beck oHG
Wilhelmstraße 9, 80801 München

Satz: Fotosatz Buck, Zweikirchener Str. 7, 84036 Kumhausen
Druck: Nomos Verlagsgesellschaft mbH & Co. KG, In den Lissen 12, 76547 Sinzheim
Umschlaggestaltung: Ralph Zimmermann – Bureau Parapluie
Bildnachweis: Monika Frick

Gedruckt auf säurefreiem, alterungsbeständigem Papier
(hergestellt aus chlorfrei gebleichtem Zellstoff)

Vorwort

„Konflikte einkochen" ist ein Titel, der Lust macht zu lesen. Die Assoziation ist positiv, erinnert an Marmelade einkochen mit der Großmutter, eine gute Zeit haben, und das, obwohl keiner Konflikte haben möchte. Aber Fakt ist: Jeder hat sie! Daher ist es mehr als sinnvoll, für den Fall der Fälle die geeigneten Rezepte parat zu haben.

Endlich gibt es nun ein Lehrbuch, welches sich auf angenehmste Weise mit dem Thema Konflikt – Prävention und Umgang damit – beschäftigt und das außerdem auf verständliche Art. Am Beispiel Küche und Kochen führen Kathrin Erhardt-Neger und Susanne Lederer durch das gesamte Feld der Konfliktbearbeitung. Sie nutzen dabei leicht verständliche Symbole, die sich durch die ganze Publikation hindurchziehen und geben viele, gut nachvollziehbare Beispiele aus der Praxis.

Der Aufbau ist für die einzelnen Felder immer der gleiche: Die Autorinnen stellen das Problem dar und erläutern sodann die Methoden. Am Ende einer Einheit weisen sie auf die Ursprungsmethode hin, so dass eine Verknüpfung stattfinden kann.

Hilfreich ist dabei die Unterteilung der Rezepte in „Was man dafür braucht" und „Wie es funktioniert" sowie die Hinweise „Achtung Falle!" Dabei werfen sie auch immer wieder einen „Blick in die Praxis". Am Ende findet sich die Zuordnung der Methoden zu den Quellen. Hier können die angeregte Leserin und der angeregte Leser die Anmerkungen finden, die ein Weiterlesen und ein Vertiefen ermöglichen. Ansonsten ist das Buch appetitlich unwissenschaftlich im Sinne von fußnotenfrei.

Das Ganze ist angereichert mit erheiternden Illustrationen, die jedoch auf den zweiten Blick Anstoß für sehr tiefgründige Überlegungen sein können.

Letzten Endes wird es wohl so sein wie mit dem „echten" Kochen. Ein feines Kochbuch alleine macht noch keinen guten Koch, aber es hilft beim Einstieg und ermöglicht ein rasches Nachschlagen. Das war auch das Ansinnen der Autorinnen und zwar ein Buch zu schreiben, das man gerne zur Hand nimmt, mit dem man gut arbeiten kann und durch das man die individuelle Handlungskompetenz Stück für Stück erweitern kann. Das Lesekonzept lässt es jedenfalls zu, mittendrin ein- und umzusteigen oder aber das Gericht nach eigenem Geschmack zu würzen.

In der Tat liegt ein schönes, strukturiertes Werk vor, das vielleicht auf den ersten Blick unterschätzt werden mag, weil die Beschreibungen und die Bilder einfach wirken. Doch ist es nicht gerade eine Kunst, vor allem in der Konfliktarbeit, komplexe und schwierige Sachverhalte so auszudrücken, dass sie gut verstanden werden können? Eben!

Von diesem Buch werden sowohl PraktikerInnen mit Erfahrung als auch Menschen profitieren, die sich in eigener Konfliktsache oder als Führungskraft weiterbilden möchten und Methoden und Möglichkeiten suchen, um konfliktäre Situationen zu bewältigen.

Damit ist bewiesen, dass die Beschäftigung mit einer in Wahrheit unangenehmen Materie Spaß und Freude bereiten kann, wenn sie denn „lecker angerichtet" ist.

In diesem Sinne „Guten Appetit!"

Prof. Dr. Cristina Lenz & Prof. Mag. Dr. Sascha Ferz

So nutzen Sie dieses Buch

Konflikte und ein Kochbuch: Wie passt denn das zusammen, werden Sie fragen. Ganz hervorragend! Für viele Menschen ist Kochen etwas sehr Leidenschaftliches. Und auch ein zwischenmenschlicher Disput lässt wohl kaum jemanden kalt: Emotionen kochen hoch, heißt es nicht ohne Grund.

Die richtigen Rezepte wählen: Speisekarte

Genau wie ein aufwändiges Menü Schritt für Schritt zubereitet und dann serviert wird, muss auch ein Konflikt erst bearbeitet werden, damit man als Höhepunkt eine Lösung erhält. Die Versuchung ist dabei oft groß, mit dem Dessert zu beginnen. Doch wer gleich über Lösungen spricht und glaubt, damit sei der Streit schon gegessen, der irrt. Denn meist eskaliert der Konflikt dann noch stärker. Es ist daher sinnvoll sich an folgende Menüfolge zu halten:

Zum Start finden Sie einige Anmerkungen zur „Warenkunde" bei Konflikten. Der Einstieg in das Menü sind die Rezepte 1 bis 5 (Kapitel 2). Wenn der Streit überkocht helfen sie, Situationen zu deeskalieren und den Konflikt bearbeitbar zu machen. Das ist die Vorspeise! Beim zweiten Gang (Kapitel 3) lernen Sie Gespräche konstruktiv zu führen. Einen Konflikt tiefgehend lösen können Sie, indem Sie einen „Blick in die Schränke" (Kapitel 4) werfen und erkennen, was der Situation zugrunde liegt. Als Hauptspeise schmeckt die Versöhnung sicherlich gut – diese Rezepte stärken Sie (Kapitel 5). Und der krönende Abschluss jedes Menüs ist die Nachspeise. Hier finden Sie Rezepte, um Lösungen und Vereinbarungen gemeinsam servieren zu können (Kapitel 6).

Sie können dieses Buch sehr ähnlich einem Kochbuch verwenden. Suchen Sie sich aus der Menüfolge zu Ihnen und Ihrer Lebenssituation passende Rezepte zusammen.

Folgende Symbole leiten Sie durch die Rezepte:

 Was man dafür braucht

 Wie es funktioniert

 Blick in die Praxis

 Achtung Falle

 Hier können Sie eigene Überlegungen oder Ideen einfügen

 Hier finden Sie Beispiele

Den eigenen Geschmack prüfen: Geschmacksrichtungen

Bevor Sie sich für ein Rezept entscheiden, sollten Sie noch klären, welche Geschmacksrichtung Sie in Ihrem aktuellen Konflikt bevorzugen.

Geschmacksrichtung: *Auf der Flucht*

Sind Ihnen Gedanken wie „Am liebsten wäre mir, wenn ein Anderer handeln würde" oder „Ich will meine Ruhe haben" und „Ich lenke mich lieber ab" vertraut? Dann sind Sie jemand, der diesem Konflikt eher aus dem Weg geht. Das kann in Auseinandersetzungen einen bitteren Beigeschmack hinterlassen! Denn wenn Sie sich einem Disput nicht stellen, kann das für zusätzlichen Ärger sorgen.

Geschmacksrichtung: *Auf in den Kampf*

Wenn Sie gerade Richter und Ankläger zugleich sind und auch auf der Suche nach Schuldigen, wenn Sie die richtigen Vorwürfe parat haben und Sätze wie „Ich bin richtig verärgert" oder „Wenn das nicht aufhört, dann …" zu Ihrem Repertoire gehören, dann sehen Sie diesen saftigen Streit vielleicht sogar als Würze Ihres Lebens. Doch Vorsicht, große Lust an Konfrontationen kann nicht nur anderen Menschen, sondern auch Ihnen selbst die Suppe versalzen!

Geschmacksrichtung: *Finden wir eine Lösung*

Beide Konflikt-Geschmacksrichtungen gehören zum Leben dazu, können aber zwischenmenschliche Beziehungen ungenießbar werden lassen. Die Zutaten für ein gutes Miteinander, die Sie immer wieder **aus Ihrem Schrank holen sollten, sind Gedanken und ehrlich gemeinte Sätze wie:**

- Ich will die Situation verbessern
- Ich bin gesprächsbereit
- Ich bemühe mich um Wertschätzung und Fairness
- Ich suche Ideen für ein künftiges gutes Miteinander

Eine derart konsensorientierte Haltung hat nicht jeder immer und überall abrufbar, sie kann aber trainiert werden und macht auf jeden Fall Appetit auf mehr! Die Rezepte in diesem Buch helfen Ihnen dabei.

Inhalt

Warenkunde

1.1 Einen Konflikt erkennen: Grundzutat Konflikt

Konflikte sind Teil jedes Lebens und ganz natürlich. Jeder hat sie, aber niemand spricht gerne darüber. Oft bemerkt man es erst sehr spät, oder es fällt schwer sich einzugestehen, dass man mit einem Familienmitglied, Freund oder mit Kollegen am Arbeitsplatz einen Streit *ausficht*. Die Kennzeichen dieser zwischenmenschlichen Auseinandersetzungen sind immer ähnlich:

- Man spricht nicht mehr gerne oder gar nicht miteinander. Wenn es zu einem Gespräch kommt, hagelt es Vorwürfe und es lauern hinter jedem Satz Missverständnisse. Man geht sich aus dem Weg und spricht – wenn überhaupt – lieber mit Dritten über das Problem.

- Man sieht den Anderen in einem veränderten Licht. Gedanken wie „Er ist ganz anders geworden", oder „Wie konnte ich mich nur so in ihr täuschen" treten in den Vordergrund und lenken den Blick auf zurückliegende Geschehnisse.

- Man hat das Gefühl dem Anderen nicht mehr über den Weg trauen zu können. Vieles scheint von der einst vertrauten Person nun in böswilliger Absicht getan oder gesagt zu werden.

Die Folge ist, dass die Auseinandersetzung eskaliert. Welche Entwicklung ein Streit nehmen kann – von kleinen Missverständnissen bis hin zu einem Kriegszustand – können Sie im folgenden Bild sehen.

Zu Beginn ist es meist kaum merkbar, dass man sich auf einem Konflikt-Weg befindet: Gespräche werden schwieriger und enden ohne Ergebnis. Dann kann der Konflikt aber rasch – Schritt für Schritt –

eskalieren. Andere Personen kommen ins Spiel, das Vertrauen geht verloren, stattdessen gibt es Druck und Drohungen. Und ehe man sich versieht, ist der gemeinsame Spaziergang zum Kriegspfad geworden aus dem es kein Entrinnen zu geben scheint. Im schlimmsten Fall kann der Konflikt im gemeinsamen Untergang enden. Mehr zum Thema Konflikt lesen Sie bei Friedrich Glasl (Quellenangabe im Anhang).

Versuchen Sie, einen Ausweg zu finden! Weg von dem zu gehen, was geschehen ist. Hin zu Schritten in Richtung Deeskalation und konstruktiver Gesprächsbasis. Ist das nicht mehr möglich, weil der Streit schon zu sehr außer Kontrolle geraten ist, sollten Sie die Auseinandersetzung mit Hilfe eines Experten (Mediator) lösen. Denn die giftigen Substanzen eines Streits können Ihrer Gesundheit großen Schaden zufügen!

Wenn Sie jedoch rechtzeitig die Stopp-Taste drücken und die Rezepte kennen, um einen Konflikt richtig einzukochen, dann können Sie auch aus den giftigsten Ausgangsstoffen ein stärkendes Gericht zubereiten. 25 derartige Rezepte finden Sie in diesem Buch!

1.2 Ressourcen vermehren: Kräuter und Gewürze

Die Basis jedes Konfliktlösungs-Menüs sind besonders gute Zutaten. Sie sind die Voraussetzung dafür, dass die Rezepte in diesem Buch funktionieren. Wie jeder gute Koch sollten Sie daher vor Beginn Ihrer Arbeit überprüfen, welche der folgenden „Kräuter und Gewürze" Sie bereits zur Verfügung haben und wie viel Sie von der einen oder anderen Zutat noch brauchen.

- **Außensicht:** Mit ihrer Hilfe sind Sie bereit, den Konflikt und sich selbst von außen durchaus auch kritisch zu betrachten. Sie versuchen, wie ein unbeteiligter Beobachter auf die handelnden

Personen zu blicken und die Situation möglichst ohne Wertung zu beschreiben.

■ **Selbst etwas bewirken:** Eine wichtige Zutat, die Ihnen den Glauben daran gibt, dass Sie selbst etwas dazu beitragen können, die belastende Situation zu verbessern. Sie verträgt sich geschmacklich überhaupt nicht mit bitteren Gewürzen wie der Opferrolle oder der Hilflosigkeit. Nehmen Sie den Kochlöffel selbst in die Hand!

■ **Geduld:** Davon kann man nie genug haben. Denn diese Zutat gibt Ihnen die Gewissheit, dass eine Verbesserung oder eine Konfliktlösung Zeit braucht. Sie ist in allen Lebenslagen hilfreich, weil Sie Ihren Blick für kleine Veränderungen schärft.

■ **Zuversicht:** Wer genügend Zuversicht zur Verfügung hat, dem kann auch ein heftiger Streit nicht so viel anhaben. Denn dadurch erhalten Sie das prinzipielle Vertrauen, dass sich Menschen und Situationen positiv entwickeln. Die Zuversicht lässt sich hervorragend mit dem „Blick für das Gute" kombinieren. Ein besonders stark wirkendes Kraut, das Sie all jene Dinge sehen lässt, die Ihnen gut tun und hilfreich sind, aber auch Ihren Blick für positive Veränderungen schärft.

■ **Mut & Entschlossenheit:** Eine gute Portion Mut und Entschlossenheit sollte in keinem Menü fehlen. Mit Mut schaffen Sie es viel leichter, sich Situationen und Personen zu stellen, denen Sie bisher unsicher oder mit Unbehagen begegnet sind. Die Entschlossenheit gibt Ihnen die Kraft etwas ändern zu wollen.

■ **Verständnis:** Dieses Grundnahrungsmittel für alle Konfliktköche macht es Ihnen möglich, sich in andere hineinzuversetzen und Ihr Gegenüber zu akzeptieren, wie es ist, selbst wenn diese Person anders denkt und fühlt als Sie.

■ **Kreativität & Offenheit:** Die Kreativität ist eine Mischung aus vielen bunten Kräutern, die jedes Menü verschönern. Sie lässt Sie neue Zugänge zu verfahrenen Problemen und verfestigten Verhaltensmustern finden. Sie schmeckt besonders gut mit einer ordentlichen Prise Offenheit. Mit deren Hilfe können Sie positive Veränderungen an Ihrem Gegenüber schneller entdecken und Neues leichter annehmen. Die Offenheit gibt Ihnen auch die Möglichkeit, von Ihrer Position abzuweichen und den Vorschlag einer anderen Person anzunehmen, wenn Ihnen der neue Gedanke sinnvoll erscheint.

- **Selbstfürsorge:** Tun Sie sich etwas Gutes! Damit Ihnen das Leben richtig gut schmeckt, sollten Sie darauf achten, dass es Ihnen möglichst gut geht. Das bedeutet auch, dass Sie sich abgrenzen gegenüber allem, was Ihnen Schaden zufügt. Eine ausgezeichnete Gewürzmischung für alle Lebenslagen bildet die Selbstfürsorge in Kombination mit einer möglichst „dicken Haut", an der giftige Worte und Taten abprallen.

Sie können nun Ihre ganz persönliche Zutatenliste zusammenstellen. Wiegen Sie ab, wieviel Sie von der einen oder anderen Zutat noch vorrätig haben, oder wo es gut wäre noch etwas mehr davon zu haben. Fragen Sie sich, was Ihnen helfen könnte, mehr von den noch fehlenden Zutaten zu bekommen?

Beispiel:

1. Wieviel Gramm Verständnis habe ich im Moment?

2. Wieviel Gramm Verständnis wäre es gut zu haben?

3. Wie kann es mir gelingen, mehr Verständnis zu bekommen, um auf die von mir gewünschte Portion zu kommen?

Wenn Sie alle Zutaten beisammen haben, dann steht nichts mehr im Weg, um den ersten Schritt zu tun und Ihren Konflikt in die Pfanne zu hauen.

 Warenkunde: Kräuter und Gewürze

Wiegen Sie nun ab, welche Kräuter und Gewürze Sie haben bzw. brauchen:

Außensicht

… Gramm habe ich im Moment

… Gramm bräuchte ich

Ich könnte die gewünschte Portion Außensicht bekommen, indem ich …

mit Fußball-kollege, Josef rede.

Selbst-etwas-bewirken

… Gramm habe ich im Moment

… Gramm bräuchte ich

Ich könnte die gewünschte Portion Selbst-etwas-bewirken bekommen, indem ich…

positiv über die B. erzähle und außer
Ihn in Ruhe lasse w. er R. braucht

Geduld

… Gramm habe ich im Moment

… Gramm bräuchte ich

Ich könnte die gewünschte Portion Geduld bekommen, indem ich …

Sport mache

Zuversicht

… Gramm habe ich im Moment

… Gramm bräuchte ich

Ich könnte die gewünschte Portion Zuversicht bekommen, indem ich …

mich belohne, wenn ich so gern mit Ihnen bin

Mut & Entschlossenheit

… Gramm habe ich im Moment

… Gramm bräuchte ich

Ich könnte die gewünschte Portion Mut & Entschlossenheit bekommen, indem ich …

Verständnis

… Gramm habe ich im Moment

… Gramm bräuchte ich

Ich könnte die gewünschte Portion Verständnis bekommen, indem ich …

versuche, Deine Seite zu verstehen + Deine Geschichte

Kreativität & Offenheit

… Gramm habe ich im Moment

… Gramm bräuchte ich

Ich könnte die gewünschte Portion Kreativität & Offenheit bekommen, indem ich …

Selbstfürsorge

… Gramm habe ich im Moment

… Gramm bräuchte ich

Ich könnte die gewünschte Portion Selbstfürsorge bekommen, indem ich …

mir regelmäßige Massagen gönne

1.3 Ziele formulieren: Amuse Gueule – ein Appetit-häppchen zum Beginn

Nun haben Sie bereits einen guten Überblick über Ihre Menüfolge und die Zutaten, die Sie für das Einkochen Ihres Konflikts benötigen. Eine kleine Übung als Appetithappen soll Ihnen vor Beginn der Konfliktarbeit helfen, Ihr Ziel möglichst genau zu definieren. Dadurch wird es Ihnen leichter fallen, die richtigen Rezepte für Ihr Problem auszuwählen. Nehmen Sie sich für diese Übung genug Zeit!

Stellen Sie sich vor, Ihr Konflikt ist gelöst. Alle Beteiligten sind noch da, aber es gibt keinen Streit mehr. Sie werden sich zuerst vermutlich wundern, wie das geschehen konnte. Vielleicht irritiert Sie die neue

Situation und es fehlt Ihnen sogar etwas im ersten Moment. Aber dann merken Sie, dass sich Einiges verändert hat.

- Wie fühlen Sie sich? *befreit*
- Wie geht es den anderen Beteiligten? *erholt, stressfrei*
- Was hat sich verändert? *~~konstr~~ Umgang*

Bleiben Sie in dieser Vorstellung und versuchen Sie folgende Sätze zu Ende zu führen:

Mein Wunsch ist, dass . . . *wir weiterhin so eine weg* -

oder . . . *schützenden + respektvoll verständnisvolle,*

. . . *liebevolle Zugang zueinander bekommen*

Mein Ziel ist, dass . . . .

Der Wunsch oder das Ziel sollten positiv formuliert sein. Wenn Sie Freude dabei empfinden, den Satz zu lesen und motiviert sind, das Ziel zu erreichen, dann sind Sie am richtigen Weg. Achten Sie darauf, dass Sie selbst etwas dazu beitragen können, Ihren Wunsch in Erfüllung gehen zu lassen. Die Möglichkeit, Ihr Ziel zu erreichen, sollte nicht nur in der Hand anderer Menschen liegen.

Damit haben Sie die Vorbereitungen erledigt. Jetzt können Sie den Kochlöffel in die Hand nehmen, die für Sie passenden Rezepte auswählen und Ihren Konflikt endgültig einkochen!

 ### Ziele formulieren

Stellen Sie sich vor, der Konflikt wäre gelöst …

Wie fühlen Sie sich?

erleichtert, zufrieden, befreit, gut, besser

Wie geht es den anderen Beteiligten?

dito,

Was hat sich verändert?

wirklich zuhören + auch Ruhe geben

Mein Wunsch ist … Mein Ziel ist …

dass beide glücklich sind zu Beziehung Kompromiss auf beidseitlicher Ebene

Was trage selbst dazu bei, um dieses Ziel zu erreichen …

mein Ton, Reaktionen, Umgang, Denken, Handeln

2. Kapitel

Wenn alles überkocht

Diese Rezepte helfen Ihnen in der akuten Konfliktsituation den Teufelskreis des Streits zu stoppen.

Wenn alles überkocht	Rezept
Eskalierenden Streit stoppen	Zeit für den Notschalter
Hochkochende Gefühle dämpfen	Runter von der Palme!
Gefühlschaos ordnen	Eine Blüte für alle Fälle
Belastung mindern	Probleme lösen mit Konflikt-Yoga
Starre Standpunkte auflockern	Besen, öffne mich!

2.1 Eskalierenden Streit stoppen: Zeit für den Notschalter[1]

Rezept 2.1: **Zeit für den Notschalter**
Eskalierenden Streit stoppen und gegenseitige Verletzungen verhindern

In einem heftigen Streit kann sich sehr schnell eine Eigendynamik entwickeln: Ein Wort ergibt das andere, jeder fühlt sich im Recht und legt noch ein Schäuferl nach. Bevor das Wortgefecht Kränkungen zur Folge hat sollte man einen verbalen Notschalter betätigen.

---

[1] Ursprung der Methode „Time-out": Verhaltenstherapie – Eine Quellenangabe finden Sie im Anhang!

Was man dafür braucht

Ein gemeinsam vereinbartes Auszeit-Signal (Wort, Satz oder Zeichen)

Wie es funktioniert

Diese Methode funktioniert besonders gut, wenn die beteiligten Personen bereits vorab ein Signal als verbalen Notschalter vereinbart haben. Das kann etwa das bekannte Timeout-Zeichen aus dem Sport sein, indem man mit den Händen ein „T" formt. Möglich ist aber auch ein anderes Zeichen, ein bestimmtes Wort oder ein Satz. Wichtig ist nur, dass dieses Signal nicht auch in einem anderen, gemeinsamen Kontext eingesetzt wird. Dies könnte sonst zu Missverständnissen führen.

Blick in die Praxis

Als ich vor einiger Zeit einem Ehepaar in meiner Praxis diese Methode vorgeschlagen habe, waren sie sofort einverstanden und hatten sogar Spaß daran, ihren „Notschalter" zu kreieren. Der Satz, den sie schließlich als ihr Timeout-Signal gewählt haben ist zwar ungewöhnlich, aber bis heute zu jeder Jahreszeit im Einsatz: „Haben wir schon einen Christbaum?"

Das Auszeit-Signal ist ein sehr kraftvolles Mittel, um sich eine Verschnaufpause in einem Streit zu verschaffen. Setzt eine der Personen das Zeichen, ist es von der anderen unbedingt zu akzeptieren, auch wenn dem Gegenüber der Zeitpunkt vielleicht verfrüht erscheint. Wird der „Notschalter" betätigt, stoppt das Wortgefecht sofort.

Ein Teil der Auszeit-Vereinbarung kann eine räumliche Trennung sein. In diesem Fall nehmen sich die Personen eine kurze Gesprächspause in unterschiedlichen Zimmern. Sinnvoll ist es dabei zu vereinbaren, wie lange diese Auszeit dauern soll (z.B.: Wir nehmen uns jetzt fünf Minuten Auszeit!). Ziel dieser Unterbrechung ist es, dass die Beteiligten zur Ruhe kommen, um sich danach mit mehr Sachlichkeit wieder begegnen zu können.

Achtung Falle!

Setzen Sie das Auszeit-Signal ohne vorherige Abstimmung spontan ein, dann kann das Gegenteil der erhofften Wirkung eintreten. Durch die plötzliche Unterbrechung kann sich das Gegenüber provoziert fühlen, weil es den Sinn nicht versteht. Daher ist es unbedingt notwendig, dem Anderen sofort zu erklären, wozu die Intervention dienen soll.

Sollten die Auseinandersetzungen immer heftiger werden und Ihre Versuche, den Streit zu deeskalieren, nicht fruchten, sollten Sie professionelle Hilfe (z.B. durch einen Mediator) in Anspruch nehmen.

Variante: Kamera ein – Film läuft

Ein sehr hilfreiches Mittel, um die Endlosschleife eines immer wiederkehrenden Streits zu durchbrechen ist es, die Konfliktsituation wie in einem Film vor dem inneren Auge abzuspielen.

Stellen Sie sich vor, sie hätten eine Kamera, mit der Sie ihren Konflikt gefilmt haben. Nun sehen Sie sich diesen Film in aller Ruhe an. Sie können dabei zurückspulen und aus verschiedenen Kameraposition das Geschehen betrachten: Zum Beispiel bestimmte Reaktionen in Nahaufnahme beobachten, oder andere Momente im Weitwinkel, um alle Beteiligten zu sehen.

Wenn Sie etwa die Zeitlupen-Funktion ihrer Kamera aktivieren, können Sie genau jenen Augenblick festmachen, an dem der Disput destruktiv und verletzend geworden ist. So können Sie vielleicht herausfinden, wann ein guter Zeitpunkt gewesen wäre, den Streit zu beenden. Dieser Moment muss für Ihr Gegenüber nicht der gleiche sein, denn jeder dreht mit seiner inneren Kamera einen ganz persönlichen Film.

Mit Hilfe dieser Rückblende kann man gemeinsam ein Signal vereinbaren, wann in künftigen Konfliktsituationen der Notschalter betätigt werden darf. *(Beispiel: „Wenn wir dieses Wort in einem Streit wieder verwenden, dann nehmen wir uns sofort eine Auszeit!")*

2.2 Hochkochende Gefühle dämpfen: Runter von der Palme![2]

Rezept 2.2: **Runter von der Palme**
Hochkochende Gefühle dämpfen und kühlen Kopf im Streit bewahren

Die Emotionen kochen hoch, der innere Druck steigt und dann pfeift es aus einem heraus, wie aus einem Schnellkochtopf: Kennen Sie das? Eskaliert ein Streit, ist schnell viel Unbedachtes gesagt. Verletzendes, das man gerne rückgängig machen würde. Damit es erst gar nicht so weit kommt, gibt es ein paar Tricks, um sich gedanklich abzukühlen.

Was man dafür braucht
Für diese Methode braucht es nichts als den Willen, sich selbst ein wenig zu überlisten

---

[2] Ursprung der Methode „Cool down": Konflikttraining – Eine Quellenangabe finden Sie im Anhang!

Wie es funktioniert

Um in einer emotional aufgeheizten Situation die Notbremse zu ziehen, gibt es vier verschiedene Möglichkeiten: Man kann sich durch Gedanken, durch Beobachtung, durch eine Handlung oder durch eine zielgerichtete Aktion wieder auf eine sachliche Ebene manövrieren. Wichtig ist eine kurze Pause im Gedanken-Karussell.

1. Gedanken

Versuchen Sie, an etwas Schönes zu denken: an Ihr Lieblingsessen, an einen Ort, den Sie besonders gerne mögen oder an das fröhlich lachende Gesicht Ihres Kindes. Sie können aber auch daran denken, dass Ihre Situation noch viel schlimmer sein könnte.

2. Beobachtung

Denken Sie kurz nach, was Sie am Anderen gerne mögen – welche Eigenschaft oder welchen Aspekt (z.B.: Farbe der Augen). Sie können Ihren Gesprächspartner aber auch wie ein Forscher beobachten und sich dessen Mimik, Gestik und Verhalten bewusst machen.

3. Handlung

Atmen Sie einfach einmal tief durch bevor Sie weitersprechen oder verändern Sie ihre Körperhaltung. Andere Möglichkeiten: holen Sie ein Glas Wasser, öffnen Sie ein Fenster oder gehen Sie ein paar Schritte.

4. Aktion

Überlegen Sie, was die Situation beruhigen könnte und tun Sie das. Sie können aber auch Ihr Gegenüber fragen, wie Sie es gemeinsam schaffen in ein gutes Gesprächsklima zu finden.

Alle diese Möglichkeiten bewirken eine kurze Unterbrechung in der Abwärtsspirale des Streits. Sie geben Ihnen eine Auszeit, um sich zu fassen und etwas Ruhe in die Gedanken einkehren zu lassen. Nur so ist es möglich, von der emotionalen auf die sachliche Ebene zu kommen und ein konstruktives Gespräch zu führen.

Hinweis

Wenn Sie diese Methode anspricht, können Sie als Vorarbeit überlegen, was Ihnen in der Vergangenheit geholfen hat, sich in einem Streit zu beruhigen. Sie können Ihre Ideen in einer Liste festhalten und haben dadurch in Stresssituationen passende Strategien griffbereit.

Achtung Falle!

Ein Gedanke, ein Blick, ein tiefer Atemzug – entscheidend ist das Timing. Egal welche Möglichkeit Sie für ein Cool down wählen, wichtig ist, dass es nur eine kurze Intervention ist. Wenn Sie etwa in der Beobachtung Ihres Gesprächspartners verharren oder das Zimmer zu lange verlassen, kann sich der Andere – berechtigterweise – nicht ernst genommen und sogar provoziert fühlen. Die Folge wäre, dass zwar Sie sich durch eine lange Unterbrechung gut vom Streit abgelenkt, Ihren Gegenüber aber noch weiter auf die Palme getrieben hätten.

Für Ihre Notizen:

_____

_____

_____

_____

_____

_____

_____

_____

_____

_____

_____

_____

_____

_____

_____

_____

_____

_____

_____

_____

_____

_____

_____

_____

_____

_____

_____

_____

2.3 Gefühlschaos ordnen: Eine Blüte für alle Fälle[3]

> Rezept 2.3: **Eine Blüte für alle Fälle**
> Gefühlschaos ordnen und (eigene) Gefühle benennen können

Wenn einem das eigene Gefühlschaos über den Kopf wächst und man keinen klaren Gedanken fassen kann, dann ist eine ganz besondere Blume sehr hilfreich: die Gefühlsblume. Sie nimmt sich kein Blatt vor den Mund, lässt sich nicht täuschen und gibt jedem Gefühl den richtigen Namen.

> **Was man dafür braucht**
> Diese Methode sollte man alleine durchführen und sich dafür Zeit nehmen

Wie es funktioniert

Streit und Konflikte können nicht nur negative Gefühle wie Ärger oder Traurigkeit mit sich bringen, sondern auch eine Reihe positiver Gefühle. Betrachten Sie die Gefühlsblume in aller Ruhe und versuchen Sie mit Hilfe der Blütenblätter Ihre derzeitigen Gefühle einzuordnen: Fühlen Sie sich eher aktiv oder passiv, ist Ihre Befindlichkeit für Sie angenehm oder unangenehm. Dann wählen Sie das passende Blatt.

Sie werden vielleicht überrascht sein, dass Sie trotz eines schwelenden Konflikts **Zufriedenheit** empfinden. Viele Menschen sehen auch in einer verfahrenen Situation etwas Positives für sich: „Es könnte viel schlimmer sein. Eigentlich geht es mir trotzdem gut."

Auch **Begeisterung** ist nichts Ungewöhnliches, wenn Sie zum Beispiel von einer bestimmten Lösungsidee völlig überzeugt sind.

Das Gefühl der **Überlegenheit** geht in Konflikten häufig mit **Freude** einher. Ein Beispiel dafür ist, dass Sie den eigenen Argumenten ein wesentlich größeres Gewicht einräumen, als denen der anderen Person. Dieses überlegene Gefühl kann dazu führen, dass Sie durchaus Lust am Streit empfinden.

---

[3] Ursprung der Methode „Gefühle verbalisieren": Klientenzentrierte Gesprächsführung – Eine Quellenangabe finden Sie im Anhang!

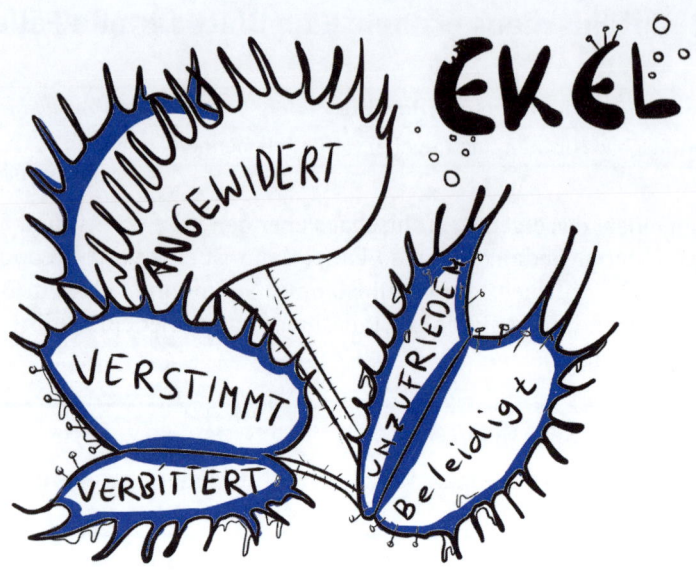

Auf der Seite der negativen Gefühle sticht für viele Menschen der **Ekel** hervor. **Ärger**, **Furcht** oder **Traurigkeit** sind in unserem Kulturkreis gesellschaftlich anerkannte Gefühle in einer Konfliktsituation. Anders beim Ekel. Es ist sehr schwer sich selbst und anderen gegenüber einzugestehen, dass man sich in einer Situation etwa vor seinem Ehemann oder seiner Ehefrau ekelt. Doch es ist wichtig, sich das Gefühl klar zu machen: „Ja, ich fühle mich so!"

Gibt man seinem Gefühl einen Namen, verändert sich bereits etwas an der Konfliktsituation. Um beim Beispiel Ekel zu bleiben: Denkt man über das Gefühl nach, kommt man meist dahinter, dass einen die Situation anwidert, nicht die Person. Die Emotion kann dadurch in den Hintergrund treten, die sachliche Diskussion gewinnt an Boden.

Sich selbst ein Gefühl einzugestehen ist harte Arbeit. Auf dem Weg zur Konfliktlösung haben Sie damit einen großen Stein aus dem Weg geräumt. Wenn Sie als nächsten Schritt ihrem Konfliktpartner sagen wollen, wie Sie sich fühlen und was Sie ärgert oder verletzt, dann eignen sich dazu Ich-Botschaften besonders gut. Wie diese funktionieren, können sie in Kapitel 3.2 (Rückmeldung geben: Nachricht vom Ich) nachlesen.

Als Unterstützung bei Ihrer Suche nach dem richtigen Namen für Ihr Gefühl finden Sie hier einen ganzen Garten voller Gefühlsblüten. Beginnen Sie in Gedanken den Satz: „Ich fühle mich …" und vollenden

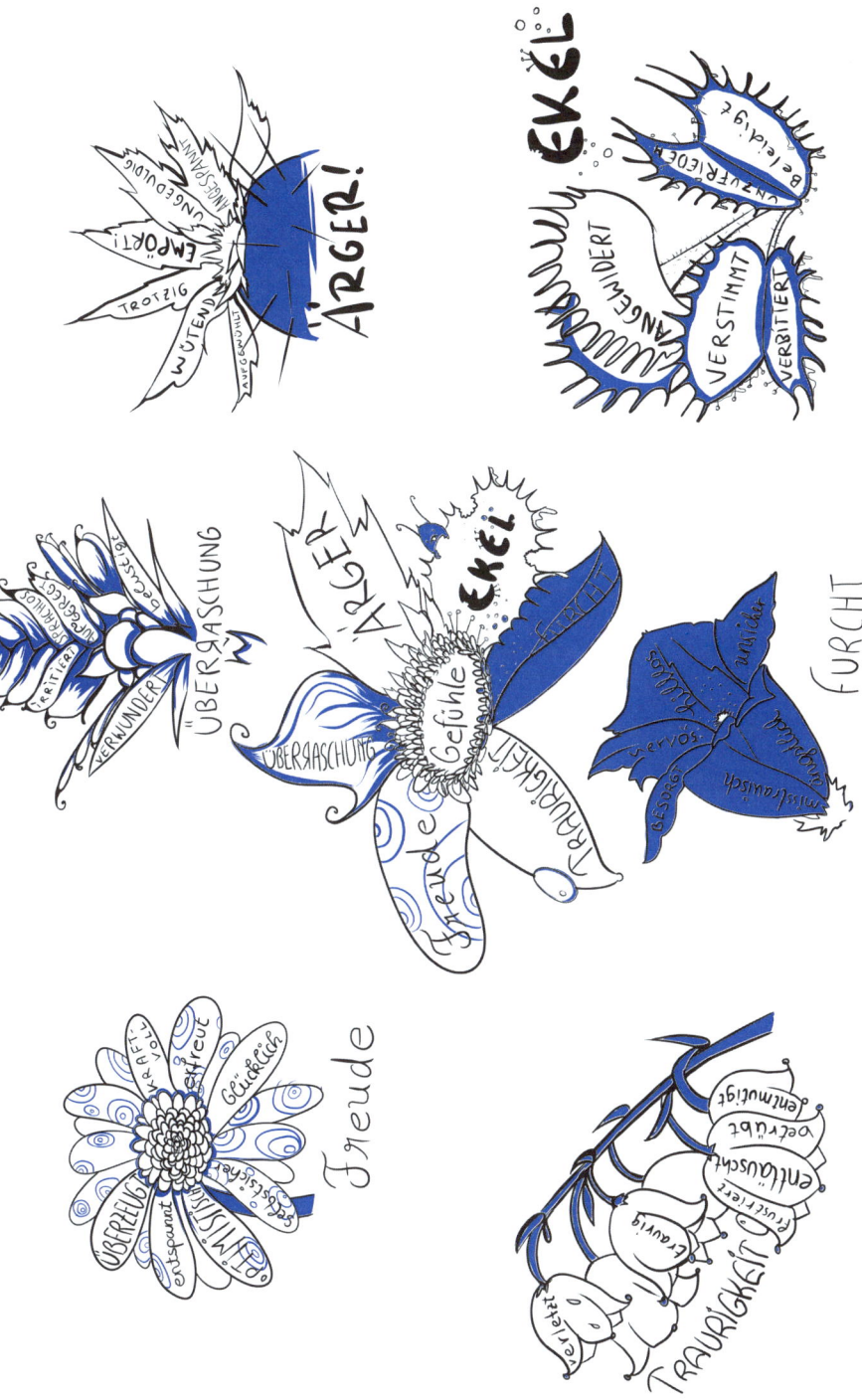

Sie ihn mit einem Begriff aus einer Blüte. Vielleicht finden Sie auf dieser Suche einen ganz eigenen Begriff.

Variante: Gefühle beiseite stellen

Nicht immer ist es sinnvoll, seine Gefühle offen zu legen. Denken Sie zum Beispiel an ein geschäftliches Gespräch. Lässt man in einer Verhandlungssituation seinem Ärger freien Lauf, wird man nicht das gewünschte Ziel erreichen. Mit einem hilfreichen Ritual können Sie ihre Gefühle im wahrsten Sinn zur Seite stellen.

Legen Sie sich zu diesem Zweck einen größeren Gegenstand griffbereit in ihre Nähe, etwa einen Dekorations-Stein. Wenn Sie sich Ihres Gefühls entledigen wollen, dann greifen Sie zu dem Stein, legen das Gefühl gedanklich hinein und stellen ihn dann beiseite. Sie können in Gedanken auch zu sich sagen: „Ich stelle dieses Gefühl zu beiseite." Das Gespräch wird nun weiter in sachlichen Bahnen verlaufen.

Gefühle lassen sich allerdings nicht dauerhaft zur Seite stellen, sie werden wiederkommen. Und dies aus gutem Grund, denn Gefühle sind dazu da, uns etwas mitzuteilen. Meldet sich ein Gefühl hartnäckig zurück, werden Sie also nicht umhin kommen, sich näher damit auseinander zu setzen und nach dem „warum" zu fragen.

2.4 Belastung mindern: Probleme lösen mit Konflikt-Yoga[4]

Rezept 2.4: **Spannungen lösen mit Konflikt-Yoga**
Belastungen aus dem Konflikt mindern und die eigene Haltung ändern

Welche Körperstellung nehmen Sie ein, wenn Sie sagen: „Nicht mit mir!" und wie ändert sie sich bei den Worten: „Komm, reden wir miteinander!"? Die Wissenschaft hat es bewiesen: Wenn man seine innere Haltung verändert, ändert sich auch die des Gegenübers. Diesen Mechanismus kann man sich mit Hilfe von Konflikt-Yoga zu Nutze machen.

> ### Was man dafür braucht
> Eine bewusste Körperwahrnehmung

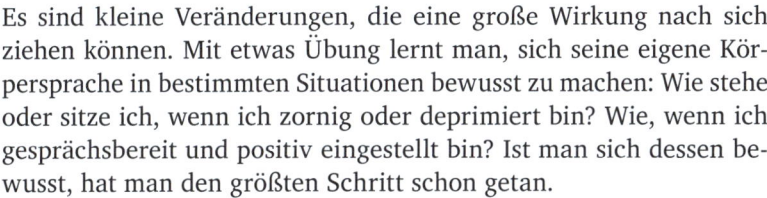

Wie es funktioniert

Es sind kleine Veränderungen, die eine große Wirkung nach sich ziehen können. Mit etwas Übung lernt man, sich seine eigene Körpersprache in bestimmten Situationen bewusst zu machen: Wie stehe oder sitze ich, wenn ich zornig oder deprimiert bin? Wie, wenn ich gesprächsbereit und positiv eingestellt bin? Ist man sich dessen bewusst, hat man den größten Schritt schon getan.

Danach kann man dieses Wissen gut einsetzen, um eine Konfliktsituation zu beeinflussen. Indem man seine eigene Körperhaltung ändert, beginnt man eine Situation anders zu sehen. Und im nächsten Schritt reagiert auch das Gegenüber darauf, verändert seine Haltung und schließlich auch das Verhalten. Der Clou daran: Diese Veränderungen geschehen meist ohne dass sie der beteiligten Person bewusst werden.

Um diesen Prozess gezielt in Gang zu setzen, müssen Sie Ihre Körpersprache aber sehr gut unter Kontrolle haben. Am besten ist es, wenn Sie einige Konflikt-Yoga-Einheiten einlegen und Änderungen Ihrer Körperhaltung üben. Dazu können Sie Sätze laut aussprechen und Ihre Körpersprache darauf abstimmen.

---

[4] Ursprung der Methode „Problemlösungsgymnastik": Hypnosystemische Therapie – Eine Quellenangabe finden Sie im Anhang!

Beispiele für Sätze, die einen Streit anfachen: „Das lasse ich mir nicht gefallen!", „Wenn du das tust, dann …", „Du wirst schon sehen, was du davon hast".

Jetzt ändern Sie ihre Körperhaltung.

Beispiele für Redewendungen, die auf eine Einigung abzielen: „Ich bemühe mich zu verstehen, worum es dir geht", „Ich höre dir zu und du mir", „Lassen wir die Vergangenheit ruhen".

Für eine positive Veränderung des Gesprächs bedarf es jedenfalls keiner großen Gesten. Eine Handfläche öffnen, den Oberkörper leicht nach vorne bewegen, einen Schritt aufeinander zu machen: Diese kleinen Bewegungen können schon eine Wende in Richtung positives Gesprächsklima bringen.

Achtung Falle!

Vorsicht vor Schauspielerei und Selbsttäuschung! Hinter jeder bewusst eingesetzten Bewegung muss das tatsächliche Bestreben nach Veränderung stehen. Wenn Sie unsicher sind oder das Konflikt-Yoga nicht den gewünschten Erfolg bringt, dann stellen Sie sich die Frage: Habe ich meine Haltung gegenüber dieser Person oder Sache tatsächlich verändert oder habe ich nur meinen Körper entsprechend meiner Vorstellung bewegt? Ist die Körpersprache nicht authentisch, wird das vom Gegenüber meist sehr rasch registriert und kann als Manipulationsversuch gedeutet werden. Die Folge wäre dann wohl eine weitere Eskalation des Streits.

Für Ihre Notizen:

2.5 Starre Standpunkte auflockern: Besen, öffne mich![5]

> Rezept 2.5: **Besen, öffne mich!**
> Starre Standpunkte auflockern und Bewegung in den Konflikt bringen

„Aus der Schusslinie gehen", „Von der Leitung heruntersteigen", „Aus der Reihe tanzen": Nicht ohne Grund gibt es zahlreiche Redewendungen, in denen eine Veränderung durch eine Bewegung herbeigeführt wird. Denn seinen Standpunkt in einer Diskussion zu verändern ist viel leichter, wenn man ihn etwa durch einen Schritt auch physisch nachvollzieht. Ein Besen kann dabei eine große Hilfe sein!

Was man dafür braucht

- Einen Besen mit langem Stiel oder ein dickeres Seil

- Diese Methode lässt sich allein, zu zweit, aber auch in kleinen Gruppen und Teams durchführen

Wie es funktioniert

Legen Sie den Besen auf den Boden, sodass Sie rechts und links davon bequem stehen können. Dann stellen Sie sich auf eine Seite des Besens und formulieren Ihren derzeitigen Standpunkt.

(Beispiel: „Ich werfe dir vor, dass …", „Mit dir rede ich nicht!", „Wenn du das tust, dann …") Das ist die Seite der Vergangenheit: der Vorwürfe, der Verletzungen und Kränkungen.

Danach steigen Sie über den Besenstiel auf die andere Seite und versuchen gleichzeitig Ihren Blickwinkel auf den Konflikt zu verändern. Öffnen Sie sich für andere Ideen, richten Sie Ihren Blick nach vorne und versuchen Sie Ihre Gedanken auszusprechen.

(Beispiel: „Ich verstehe, dass …", Ich würde mir wünschen …", „Ich bin bereit für ein Gespräch!") Das ist die Seite der Zukunft: der Versöhnung und der Lösung des Konflikts.

Nehmen zwei oder mehrere Personen an der Methode teil, wird sich, bedingt durch die neuen Sichtweisen, sehr schnell eine Diskussion entwickeln. Im Zuge dieser Gespräche ist die Wahrschein-

---

[5] Ursprung der Methode „Standpunktveränderung": Praxis Susanne Lederer

lichkeit hoch, dass man wieder auf seinen alten Standpunkt (Seite der Vergangenheit) zurückkehrt. Damit hat der Besen seinen Zweck nicht verfehlt. Denn es ist völlig normal, dass man sich auf eine vertraute Position zurückzieht, wie auch das folgende Beispiel zeigt.

Blick in die Praxis

Treffen in einem Konflikt private und berufliche Verbindungen zusammen, dann ist es meist besonders schwierig für die Beteiligten, den Weg aus ihren Verstrickungen zu finden. Mit Hilfe der Besen-Methode ist es einer Klientengruppe geglückt.

Die Personen arbeiteten in einem Krankenhaus als Team zusammen, waren aber auch privat befreundet. Ihre Konfliktgeschichte war lang und wurde auf einer sehr persönlichen Ebene ausgetragen. Das tägliche Miteinander wurde dadurch fast unerträglich.

Als ich dem Team die Besen-Methode erklärte, konnten sich einige ein ungläubiges Lächeln nicht verkneifen, machten jedoch mit. Ich wies die Personen an, erst dann den bewussten Schritt vom „Früher" (Seite der Vergangenheit) ins „Bessere Arbeitsklima" (Seite der Zukunft) zu setzen, wenn sie wirklich dazu bereit seien, die Vergangenheit hinter sich zu lassen. Einige standen lange, wagten es dann aber doch. Der erhoffte Erfolg blieb nicht aus, die Zusammenarbeit funktionierte wieder.

Wenn in Gesprächen alte Vorwürfe aufblitzten, machten sich die Kollegen von nun an gegenseitig aufmerksam: „Auf welcher Seite des Besens stehst du jetzt?", erzählten sie mir später einmal.

Mit Hilfe dieser Methode fällt es den beteiligten Personen leichter zu erkennen, wenn sie wieder einen alten Standpunkt einnehmen. Sie können dann bewusst gegensteuern. Ziel ist es, dass man wegkommt von den Vorwürfen und dem Fokus auf ein Problem und sich den Wünschen und gemeinsamen Lösungen öffnet.

Es ist ganz normal, dass es schwierig ist, sich von vergangenen Erlebnissen zu distanzieren. Psychologische oder psychotherapeutische Hilfe kann Sie dabei unterstützen, Vergangenes zu bewältigen und gestärkt in die Zukunft zu gehen.

Für Ihre Notizen:

3. Kapitel

Gesprächseintöpfe

Diese Rezepte helfen Ihnen dabei, zielführende Gespräche miteinander zu führen und so den Konflikt besprechbar zu machen.

Gesprächseintöpfe	Rezept
Missverständnisse klären	Die Schleife des Verstehens
Rückmeldung geben	Nachricht vom Ich
Neue Gesprächsideen bekommen	Schlimmer geht's nimmer
Gespräche ordnen	Der Schiedsrichter auf Papier
Richtig fragen	Zwei Ohren gegen den Tunnelblick

3.1 Missverständnisse klären: Die Schleife des Verstehens[6]

Rezept 3.1: **Die Schleife des Verstehens**
Missverständnisse klären und Verständnis füreinander bekommen

„Du verstehst mich nicht! Hör' mir doch endlich zu!": Gerade in Konflikten wird oft weniger darauf geachtet, was das Gegenüber tatsächlich sagt, als interpretiert und dadurch missverstanden. Sie finden hier zwei Methoden, um diesen Kreislauf des Missverstehens zu durchbrechen.

Was man dafür braucht

Den Willen innezuhalten und zuzuhören

Die Methode ist am besten für zwei Personen geeignet, sie funktioniert aber auch in kleinen Gruppen

Wie es funktioniert

Besonders wichtig ist die Einstellung, mit der Sie sich in ein klärendes Gespräch begeben. Die Grundregel sollte lauten: *Ich höre mit Herz und Hirn zu, was Du erzählst, ohne mir eine Antwort zu überlegen.* Wenn Sie sich darum bemühen, sind Sie dem gegenseitigen Verstehen schon einen riesigen Schritt näher gekommen.

Das Gespräch selbst kann man in vier Etappen gliedern:

1. Hören Sie Ihrem Gegenüber mit voller Aufmerksamkeit zu.

2. Wiederholen Sie mit eigenen Worten, was Sie verstanden haben.

3. Fragen Sie nach, ob Sie das Gesagte *richtig* verstanden haben.

4. Bleibt für ein besseres Verständnis noch eine Frage offen, können Sie diese zum Abschluss stellen.

Wenn Sie zu zweit ein klärendes Gespräch mit Hilfe der Schleife des Verstehens führen, sollten Sie sich immer abwechseln: A erzählt – B wiederholt und fragt nach, B erzählt – A wiederholt und fragt nach usw. Arbeiten Sie in einer kleinen Gruppe, muss ebenfalls darauf

---

[6] Ursprung der Methode „Looping": Hermeneutischer Zirkel der Philologie – Eine Quellenangabe finden Sie im Anhang!

geachtet werden, dass jeder seine Anliegen kommunizieren kann und auch gehört wird.

Blick in die Praxis

Das Verständnis für den anderen ist der Dreh- und Angelpunkt jeder Konfliktbewältigung. Das zeigt etwa der Fall zweier Schwestern, die sich über die Verteilung der Arbeit bei der Pflege ihres Vaters nicht einigen konnten. Die eine hatte das Gefühl, alles allein machen zu müssen, die andere reagierte reflexartig mit der Aufzählung ihrer Leistungen. Mit Hilfe der Schleife des Verstehens konnten die Frauen einander erstmals wieder zuhören und ihre Arbeit auch anerkennen. Letztlich wurde beiden klar, dass es in ihrem Konflikt nicht um den zeitlichen Aufwand geht, sondern um das gegenseitige Verständnis und die Anerkennung.

Achtung Falle!

Die Schleife des Verstehens wird durchbrochen, sobald man beginnt das Gehörte zu kommentieren, zu relativieren oder sich selbst zu rechtfertigen. Ein Warnsignal dafür ist, wenn man das Wort „aber" in einem Satz verwendet. Wichtig ist es, sich zu disziplinieren und beim Zuhören zu bleiben, auch wenn die eigenen Argumente noch so sehr darauf drängen ausgesprochen zu werden. Der vierstufige Gesprächsleitfaden hilft dabei, oder man wechselt in den kontrollierten Dialog.

Variante: Kontrollierter Dialog

Vor allem in einer sehr angespannten Gesprächsatmosphäre fällt es manchmal schwer, die Schleife des Verstehens durchzuhalten. Der kontrollierte Dialog bietet eine gute Hilfestellung, um die Emotionen aus einem Gespräch herauszunehmen und so die Basis für eine ruhige, zielgerichtete Kommunikation zu schaffen.

Was man dafür braucht

- Zwei Sessel

- Papier und einen Stift

- Auch der kontrollierte Dialog ist am besten für zwei Personen geeignet, er funktioniert aber auch in kleinen Gruppen

Wie es funktioniert

Zwei Sessel werden gegenüber aufgestellt. Befestigen Sie auf dem einen Stuhl einen Zettel, auf den Sie das Wort „Reden" geschrieben haben, auf dem anderen einen Zettel mit dem Wort „Zuhören".

Das Gespräch wird durch die beiden Stühle strukturiert: Nur jene Person, die auf dem „Reden-Sessel" sitzt, ist am Wort. Das Gegenüber muss zuhören. Der Wechsel erfolgt entweder durch Handzeichen, mit denen der Zuhörer signalisiert, dass auch er nun zu Wort kommen möchte, oder man vereinbart zuvor eine bestimmte Redezeit.

 Achtung Falle!

Wenn der bisherige Zuhörer spricht sollte er darauf achten, nicht auf das zuvor Gehörte zu reagieren, sondern von sich zu erzählen. Sonst besteht die Gefahr, dass die eigenen Themen in den Hintergrund treten und man seine Redezeit nur für Gegendarstellungen verwendet. Daraus kann sich dann sehr schnell wieder ein Streitgespräch entwickeln.

Ziele formulieren

Wie gut höre ich zu?

Was habe ich verstanden? Was verändert sich für mich dadurch?

_____

_____

Was hilft mir, gut zuzuhören?

_____

_____

Was hindert mich, gut zuzuhören? (siehe dazu auch Konflikt-Anheizer Rezept Nr. 4.5)

_____

_____

Für Ihre Notizen:

_____

_____

_____

_____

_____

_____

_____

_____

_____

_____

_____

_____

_____

_____

_____

_____

_____

_____

_____

_____

_____

_____

_____

_____

_____

_____

_____

3.2 Rückmeldung geben: Nachricht vom Ich[7]

Rezept 3.2: **Nachricht vom Ich**
Rückmeldung geben und Wünsche an den Anderen formulieren

Der Grat zwischen einer lebhaften Diskussion und einem Streit ist recht schmal. Je stärker die Emotionen werden, desto eher nehmen Beschuldigungen überhand: „Du hörst mir nie zu!", „Du hast keine Zeit für mich!", „Alles muss immer so gemacht werden, wie Du es willst!". Um konstruktiv miteinander reden zu können, ist es wichtig, vom „Du" zum „Ich" zu wechseln – „Ich-Botschaften" sind der Schlüssel dazu.

---

[7] Ursprung der Methode: „Ich Botschaften": Gordon-Modell – Eine Quellenangabe finden Sie im Anhang!

Was man dafür braucht

- Kärtchen/Zettel und Stift

- Für diese Methode sind mindestens zwei Personen notwendig

Wie es funktioniert

Schreiben Sie die folgenden Formeln auf ein Kärtchen:

1. Ich merke, …

2. Ich fühle mich dabei …, weil ich …

3. Ich wünsche mir, …

Die Gesprächspartner einigen sich darauf, wer beginnt. A nimmt das Formelkärtchen in die Hand und beschreibt, wie es ihm/ihr in einer konkreten Konfliktsituation geht. Bleiben Sie dafür im vorgegebenen Satzschema *(Beispiel: Ich merke, dass ich den Geschirrspüler öfter ausräume als Du. Ich ärgere mich darüber, weil ich ohnehin so viel zu tun habe. Ich wünsche mir, dass wir uns diese Arbeit von nun an halbe-halbe aufteilen.)*

Nun ist die Reihe an B. Bleiben Sie beim Thema und antworten Sie im selben Schema. *(Beispiel: Ich merke, dass wenn ich den Geschirrspüler einräume, Du alles wieder umschlichtest. Ich habe das Gefühl, dass ich es Dir nicht recht machen kann. Ich wünsche mir, dass Du mich den Spüler auf meine Weise einräumen lässt.)*

Auf diese Art können Sie mehrere Themen hintereinander besprechen. Wichtig ist nur, dass Sie sich an die vorgegebenen Gesprächsformeln halten. Denn diese Ich-Botschaften nehmen die Luft aus den gegenseitigen Beschuldigungen, strukturieren das Gespräch und machen so einen Austausch leichter möglich. Außerdem wird durch sie die Rückmeldung gegeben, wie es dem Konfliktpartner geht, was der erste Schritt in Richtung gegenseitiges Verständnis ist.

Diese Art der Gesprächsführung wird Ihnen zuerst vermutlich etwas sperrig und unnatürlich vorkommen, das ist völlig normal, da Sie ja über Formeln miteinander kommunizieren. Wenn Sie den Gesprächsleitfaden der Ich-Botschaften häufig benützen, werden Sie nach und nach eine eigene Sprache dafür finden und die Formeln nicht mehr benötigen.

Sollte die Gesprächsatmosphäre besonders angespannt sein, können Sie zusätzlich auf die Regeln des kontrollieren Dialogs zurückgreifen *(Sie finden den kontrollieren Dialog in diesem Kapitel als Variante zu Rezept Nr. 3.1).*

Achtung Falle!

Mit Ich-Botschaften liegt man in Gesprächen eigentlich immer richtig. Der einzige Fallstrick kann sein, dass man seine Sätze zu allgemein formuliert und der Andere dadurch gar nicht versteht, worum es eigentlich geht. *(Beispiel: Ich merke, dass Du mir nie hilfst. Ich fühle mich im Stich gelassen. Ich wünsche mir, dass Du mir mehr zur Hand gehst.)*

Übungsbeispiele:

Sie können diesen strukturierten Gesprächsverlauf anhand von drei Beispielen üben. Versuchen Sie die vorgegebenen Sätze als Ich-Botschaften umzuformulieren.

a) „Immer muss ich für Dich aufräumen!"

b) „Du kommst immer unvorbereitet in unsere Besprechungen!"

c) „Wenn Sie spätabends weiterhin so laut die Musik aufdrehen, hole ich die Polizei!"

Lösungen:

zu a:

Ich merke, dass Du deine Klamotten am Abend nicht aus dem Badezimmer räumst. Ich ärgere mich, weil ich am Abend auch müde bin und gerne Ruhe hätte. Ich wünsche mir, dass Du deine Kleidung selbst wegräumst.

zu b:

Ich merke, dass Du in unsere Besprechungen kommst, ohne Dir vorher Gedanken gemacht zu haben. Es stört mich, dass wir dann viel Zeit brauchen, bis Du eingedacht bist. Ich wünsche mir, dass Du dich auf unsere Gespräche vorbereitest.

zu c:

Ich merke, dass Sie zum Beispiel gestern bis Mitternacht laut Musik gehört haben. Ich bin zornig, weil ich dadurch nicht schlafen kann. Ich wünsche mir, dass Sie nach 22.00 Uhr die Musik leiser drehen.

 Nachricht vom Ich

Meine eigene Nachricht vom Ich …

Was will ich sagen?

_____

_____

Übersetzung in eine Nachricht vom Ich

Ich merke …

_____

Ich fühle mich …

_____

Ich wünsche mir …

_____

3.3 Neue Gesprächsideen bekommen: Schlimmer geht's nimmer[8]

Rezept 3.3: **Schlimmer geht's nimmer**
Neue Gesprächsideen bekommen und Gespräche in Schwung bringen

Stellen Sie sich vor, Sie hängen seit zehn Minuten in der Warteschleife für ein dringendes Telefongespräch, Sie sind zornig. Endlich sind Sie an der Reihe, doch Sie brüllen nur in die Leitung: „Ich habe überhaupt keine Lust mit Ihnen zu sprechen!" Schlimmer geht's nicht, oder? Sich solche oder ähnliche Worst-Case-Szenarien auszudenken kann sehr hilfreich sein – und sogar Spaß machen!

---

[8] Ursprung der Methode: „Verschlimmerungsfragen:" Systemische Therapie – Eine Quellenangabe finden Sie im Anhang!

Was man dafür braucht

■ Kärtchen/Zettel und Stifte

■ Diese Methode kann man alleine oder zu zweit durchführen

Wie es funktioniert

Ausgangspunkt dieser Methode ist die Frage, wie alles noch schlimmer werden könnte: „Was kann ich tun, damit die Situation schlimmer wird oder eskaliert?" Diese Frage notieren Sie sich auf Ihren Zettel. Jeder verfasst nun für sich eine Liste mit Verhaltensmöglichkeiten, die garantiert in keinem Kodex für gutes Benehmen Aufnahme finden. Denken Sie sich möglichst gut in die Aufgabe ein und lassen Sie sich Zeit dafür!

Im zweiten Schritt gehen Sie die Liste alleine durch oder setzen sich mit Ihrem Gesprächspartner zusammen, um abwechselnd Punkt für Punkt vorzulesen. Versuchen Sie nun, einen destruktiven Verhaltensvorschlag nach dem anderen ins Gegenteil umzuformulieren. Schreiben Sie die positive Formulierung ebenfalls in eine Liste oder auf die Rückseite Ihres Kärtchens.

Ziel dieser Methode ist es zu realisieren, dass man es selbst in der Hand hat, ob eine Situation eskaliert oder nicht.

Beispiele:

– Während eines Gesprächs die Mails am Handy checken
+ Blickkontakt halten und aufmerksam sein
– Vorwürfe machen, wie z.B.: „Du bist nie da, wenn man dich braucht!"
+ Stattdessen sagen: „Ich würde mir so wünschen, dass Du mir hilfst!"

Achtung Falle!

Auch bei dieser Methode steht das eigene Verhalten im Mittelpunkt und nicht das Verhalten des Konfliktpartners. Ihr Hintergedanke sollte sein: „Was kann ich anders machen? Was kann ich an meinem Verhalten ändern, damit sich die Situation entspannt?" Versuchen Sie nicht mit Hilfe Ihrer Verhaltensbeispiele dem anderen vorzuschreiben, was er oder sie zu tun oder zu lassen hat! Damit würden Sie nur Öl ins Feuer Ihres Konfliktes gießen.

Variante: Verhinderungsvertrag

Bei dieser Methode geht man noch einen Schritt weiter, als bei den Verschlimmerungsfragen. Der Beginn ist gleich: Überlegen Sie sich und schreiben Sie auf, was Sie tun müssten, damit der Streit eskaliert. Aus dieser Liste wählen Sie jene drei Verhaltensmuster oder Phrasen aus, die Sie in Konflikten besonders häufig verwenden.

Nun setzen Sie einen Vertrag auf. Vereinbaren Sie mit sich selbst, dass Sie auf die ausgewählten drei Verhaltensweisen oder Sätze in den kommenden zwei Wochen verzichten werden. (*Beispiel: Ich verzichte bis zum 22. April darauf: Türen zu knallen, Dir ins zu Wort fallen, nur über mich zu sprechen.*)

Seien Sie durchaus streng mit sich, drei Ausrutscher sind im Vertragszeitraum jedoch erlaubt. Wenn der Verhinderungsvertrag nach Ablauf der zwei Wochen gut eingehalten wurde, gönnen Sie sich eine Belohnung! Die haben Sie dann auch wirklich verdient!

Schlimmer gehts nimmer

Was kann ich tun?

Was kann ich tun, um die Situation zu verschlimmern?	Was kann ich tun, um die Situation zu verbessern?

3.4 Gespräche ordnen: Der Schiedsrichter auf Papier[9]

Rezept 3.4: **Der Schiedsrichter auf Papier**
Gespräche ordnen und in konstruktive Bahnen lenken

Um konstruktiv miteinander sprechen zu können, sind Gesprächsregeln eine ebenso einfache wie wirkungsvolle Methode. Wichtig ist, dass alle Beteiligten damit einverstanden sind und die Regeln auch gemeinsam auswählen. Wird es im Gespräch emotional, entscheidet ein Schiedsrichter auf Papier über verbale Fouls.

Was man dafür braucht
- Papier und Stifte
- Alle Personen, die an einem Konflikt beteiligt sind, sollten mit dabei sein

Wie es funktioniert
Zuerst einigen sich alle Beteiligten auf einen passenden Gesprächsrahmen:

a. *Wer* nimmt an dem Gespräch teil?

b. *Wann* findet es statt?

c. *Wo* treffen sich alle?

d. *Wie* lange wird es dauern?

Sind diese vier Fragen geklärt und alle im Boot haben Sie schon eine wichtige Hürde gemeistert. Denn die Bereitschaft und Offenheit mitzumachen ist eine Grundvoraussetzung für das Gelingen von Gesprächen.

Zum vereinbarten Termin steht zuerst die Auswahl der Regeln im Mittelpunkt. Als Beispiel finden Sie hier die fünf häufigsten Gesprächsregeln:

- *Gesprächsregel Nr. 1: Ausreden lassen* (Jeder Beteiligte bekommt die Möglichkeit, seinen Standpunkt im Konflikt darzulegen und darf

---

[9] Ursprung der Methode: „Gesprächsregeln": (beispielsweise) Themenzentrierte Interaktion – Eine Quellenangabe finden Sie im Anhang!

dabei nicht von dem oder den anderen unterbrochen werden. Es ist sinnvoll als Ergänzung eine bestimmte Redezeit zu vereinbaren, die jedem für seine Konfliktdarstellung zur Verfügung steht.)

- *Gesprächsregel Nr. 2: Jeder spricht von sich selbst* (Versuchen Sie, das „ich" in den Mittelpunkt zu stellen und nicht über „man" oder „wir" zu sprechen. Eine Anleitung dazu finden Sie in diesem Kapitel unter „Ich-Botschaften", Rezept Nr. 3.2 „Nachrichten vom Ich")

- *Gesprächsregel Nr.: 3: Respektvoll miteinander umgehen* (Versuchen Sie, wertschätzend miteinander zu sprechen, den anderen zu verstehen und sich in seine Lage einzufühlen. Beleidigungen oder Drohungen sind ein klarer Regelverstoß!)

- *Gesprächsregel Nr.: 4: Seien Sie offen und authentisch* (Versuchen Sie nicht sich zu verstellen. Ihr Gegenüber wird es sofort merken! Denn nur 20 Prozent der Informationen in einem Gespräch werden verbal durch Sprache übermittelt, 80 Prozent hingegen nonverbal durch Körpersprache. Wenn Sie sich auf die Gespräche einlassen und öffnen, ist das der erste Schritt in Richtung gegenseitiges Verständnis.)

- *Gesprächsregel Nr.: 5: Gespräche sind vertraulich* (Wenn Sie diese Regel vereinbaren, darf über den Inhalt der gemeinsamen Gespräche nichts nach außen dringen. Auch der beste Kumpel oder die Busenfreundin dürfen dann über den Konflikt nicht mehr auf dem Laufenden gehalten werden.)

Jeder wählt nun für sich aus diesen fünf Gesprächsregeln die für seine Situation passenden Regeln aus und schreibt sie auf eine Karte. Es können auch alle zielführend sein oder noch weitere Regeln für ein besseres Miteinander fehlen. Dazu stellen Sie sich die Frage: „Wie müssen wir miteinander sprechen, damit unser Gespräch konstruktiv ist?" Reizwörter, die einen von Ihnen auf die Palme bringen, sollten Sie in den Regeln jedenfalls vermeiden. Nehmen Sie sich Zeit für diese Überlegungen!

Wenn alle ihre Liste fertig haben, wählen Sie gemeinsam jene Gesprächsregeln aus, die in Ihre Vereinbarung aufgenommen werden sollen. Schreiben Sie die Regeln auf große Zettel, damit sie gut sichtbar sind. Danach führen Sie das Konfliktgespräch und behalten dabei die vereinbarten Regeln im Auge.

Im Anschluss an das Gespräch folgt eine kurze, gemeinsame Reflexion: Was ist uns in diesem Gespräch gut gelungen? Woran sollten wir für die nächste Aussprache noch feilen? Danach hängen Sie die Zettel mit den Gesprächsregeln an zentralen Stellen auf, an denen immer wieder Gespräche stattfinden (z.B.: Besprechungsraum, Küche, Schlafzimmer …). So erinnert Sie der Schiedsrichter auf Papier auch in den kommenden Wochen an Ihre Vereinbarung!

Achtung Falle!

Die Falle dieser Methode besteht darin, über den Kopf eines Beteiligten hinweg Gesprächsregeln aufzustellen und diesem den Verhaltenskodex vorzuschreiben. Die Regeln können nur angenommen und umgesetzt werden, wenn sie gemeinsam verhandelt und vereinbart wurden.

3.5 Richtig fragen: Zwei Ohren gegen den Tunnelblick[10]

Rezept 3.5: **Zwei Ohren gegen den Tunnelblick**
Gezielt Fragen stellen und das Gespräch in eine gute Richtung steuern

Steckt man in einem Konflikt fest, ist das wie ein Gang durch einen dunklen Tunnel. Man fühlt sich bedroht und hört seine eigenen Gedanken im Kopf dröhnen. Das rettende Licht, das aus diesem Tunnel führt, ist wenn man denjenigen wahrzunehmen beginnt, der mit einem geht. Wenn der Fokus sich auf den anderen richtet, beginnt man zuzuhören, zu verstehen und man hört auf über das Problem zu reden.

Was man dafür braucht

- Ein offenes Ohr und den Willen das Gesprächsklima zu verändern

- Zettel und Stift

- Wollknäuel, Ball, Apfel oder ähnliches

- Diese Methode ist am besten für zwei Personen geeignet

Wie es funktioniert

Der erste wichtige Schritt ist, dass sich die Konfliktpartner an einen Tisch setzen und bereit sind, miteinander einen Weg aus ihrem Dilemma zu finden. Schreiben Sie danach folgende Fragelisten auf einen Zettel:

Korb 1	Korb 2
Wie siehst Du die jetzige Situation?	*Wie haben wir bisher Probleme gemeistert?*
Worin besteht für Dich das Problem?	*Was würde uns jetzt gut tun oder helfen?*
Worum geht es Dir?	*Wie können wir gemeinsam etwas verändern?*

---

[10] Ursprung der Methode: „Konstruktive Fragen": Systemische Therapie – Eine Quellenangabe finden Sie im Anhang!

Der erste Fragenkorb ist der „Problemkorb", der sich damit beschäftigt, wie die beiden Konfliktpartner das Problem sehen. Die zwei Sichtweisen werden sich klar voneinander unterscheiden. Der zweite Fragenkorb ist der „Lösungskorb", durch den die Gedanken der Beteiligten darauf gelenkt werden sollen, wie sie gemeinsam etwas verändern können.

Im nächsten Schritt sucht jeder für sich aus **beiden Körben** eine Frage aus, die er seinem Gegenüber stellen möchte. Sie können das Los entscheiden lassen, wer beginnt.

A nimmt den bereitgelegten Ball in die Hand und stellt B seine Frage aus Korb 1. Dann übergibt er B den Ball. B hat nun so viel Zeit wie er braucht, um die an ihn gerichtete Frage zu beantworten. Dann gibt er den Ball an A zurück. Nun ist B an der Reihe, seine Frage an A aus Korb 1 zu stellen und ihm den Ball zu übergeben. Wenn beide eine Frage aus Korb 1 beantwortet haben, wechseln sie zu Korb 2 und beantworten nach demselben Muster von dort je eine Frage ihres Gegenübers. Es müssen jedenfalls Fragen aus beiden Körben gestellt und beantwortet werden.

Während der Konfliktpartner spricht, hat der Fragende die Möglichkeit, sich Notizen zu machen. Stellen Sie sich dazu diese und ähnliche Fragen: Was habe ich noch nicht gewusst? Was habe ich so noch nicht von Dir gehört? Ein Austausch über das Gehörte und Aufgeschriebene kann im Anschluss stattfinden – aber nur, wenn es beide Seiten wollen. Eine Möglichkeit dazu bietet die Gesprächstechnik des „Loopings". Mit Hilfe dieser „Schleife des Verstehens" können Sie Ihrem Gegenüber auf kontrollierte Art mitteilen, wie Sie das Gehörte verstanden haben. *(Die Anleitung dazu finden Sie in diesem Kapitel bei Rezept Nr. 3.1, „Schleife des Verstehens").*

63

Achtung Falle!

Die Grundvoraussetzung für das Funktionieren dieser Methode ist die ehrliche Bereitschaft, dem Anderen zuzuhören. Gespieltes Interesse wird von Ihrem Gegenüber sofort durchschaut bzw. gespürt werden.

Auch mit den beiden Fragenkörben ist je ein Stolperstein verbunden. Die Fragen aus dem „Problemkorb" sind darauf ausgerichtet, die jeweils andere Sicht auf das Konfliktthema zu erfahren. Die Falle wäre zu versuchen, herauszufinden, wer recht hat. Die Fragen aus dem „Lösungskorb" sind auf das Gemeinsame ausgerichtet. Beide Gesprächspartner sind hier gefordert, etwas beizutragen. Nur Forderungen an den anderen zu stellen führt wieder direkt in den Tunnel bzw. in den Konflikt zurück.

4. Kapitel

Blick in die Schränke

Diese Rezepte helfen Ihnen dabei, sich selbst und die Konflikt-situation zu durchschauen, sodass Sie den Konflikt aufklären können.

Blick in die Schränke	Rezept
Mit Konfliktmustern umgehen	Wenn der Igel mit dem Bären
Bedürfnisse benennen	Was ich wirklich sagen will
Rollen(erwartungen) erkennen	Wer steht mir gegenüber?
Nähe und Distanz ausgleichen	Wie nah darf ich Dir kommen?
Konflikt-Anheizer besänftigen	Wer sind meine Einflüsterer?

4.1 Mit Konfliktmustern umgehen: Wenn der Igel mit dem Bären[11]

Rezept 4.1: **Wenn der Igel mit dem Bären**
Konfliktmuster erkennen und einen Umgang damit finden

Kaum etwas ruft in uns so viele Assoziationen hervor wie Tiere. Die fleißige Biene sammelt Honig, der Hund als treuer Begleiter, der Strauß steckt den Kopf in den Sand – wir verbinden mit bestimmten Tieren Verhaltensweisen. Dies kann man sich auch bei einer Analyse seines eigenen Konfliktverhaltens zu Nutzen machen. Eine Methode, die nicht nur hilfreich, sondern auch lustig sein kann.

---

[11] Ursprung der Methode: „Konflikttypen": „Dual Concern Modell" – Eine Quellenangabe finden Sie im Anhang!

Was man dafür braucht

- Zettel und Stift

- Die Methode lässt sich allein, aber auch in Gruppen durchführen

Wie es funktioniert

Den ersten Fragenteil dieser Methode bearbeitet jeder für sich: Wie verhalte ich mich in einem Konflikt? Bin ich eher jemand, der leicht nachgibt, der nach einer gemeinsamen Lösung sucht, der einem Streit aus dem Weg geht oder der seinen Standpunkt durchsetzen will? Überlegen Sie, welcher der vier Gruppen Sie sich zuordnen würden.

nachgeben	gemeinsam lösen
Rudeltiere oder Schwarmtiere	Soziale Tiere
orientieren sich an Anderen, ordnen sich unter	sind ein Team, nehmen aufeinander Rücksicht
Hund, Meerschwein, Delfin, Fledermaus, Ente	Schimpanse, Wolf, Elefant, Pinguin, Papagei
vermeiden	**durchsetzen**
Fluchttiere	Raubtiere
ziehen sich zurück, ergreifen die Flucht	haben ihr Ziel vor Augen und verfolgen es
Maulwurf, Hase, Kuh, Schwalbe, Krebs	Adler, Löwe, Bär, Schlange, Hecht

Jedem dieser Verhaltensmuster können auch bestimmte Tiere zugeschrieben werden. Wählen Sie aus den vorgegebenen Beispielen ein Tier aus, das am ehesten zu Ihnen passt und notieren Sie den Namen auf ein Kärtchen. Wenn Ihnen ein anderes Tier einfällt, mit dem Sie sich eher identifizieren können, dann schreiben Sie dieses auf. Es sollte aber klar einer der vier Gruppen zugeordnet werden können.

Variante 1: Eine Person nach der anderen erklärt, warum er oder sie sich im vorliegenden Konflikt wie ein bestimmtes Tier verhält.

Variante 2: Man kann noch einen Schritt weiter gehen und erklären, mit welchen Tieren man das Konfliktverhalten der anderen assoziiert und warum. Wichtig dabei ist, dass die Angesprochenen die Möglichkeit haben zu sagen, ob sie mit dieser Zuordnung einverstanden sind oder nicht.

Für beide Varianten ist der nächste Schritt, sich die Vor- und Nachteile des Konfliktverhaltens zu überlegen: Was ist daran gut für mich und für die anderen? Was ist dabei schwierig für mich und die anderen?

Aus dieser Reflexion kann sich dann eine Diskussion entwickeln. Man sollte dabei jedoch die Tierwelt nicht verlassen. *(Beispiel: Was passiert, wenn Löwe und Eule aufeinander treffen?)* Am Ende dieses Prozesses sollten Sie für sich klar erkennen können, wie Sie sich in dem vorliegenden Konflikt bisher verhalten haben und was Sie an Ihrem Verhalten verändern möchten.

Blick in die Praxis

Häufig kommen Menschen in meine Praxis, die sich in Konflikten in einer Art Endlosschleife befinden – immer dieselben Verhaltensweisen und daraus folgenden Schuldzuweisungen. Ein Paar ist mir besonders in Erinnerung geblieben, das mit Hilfe der Tierbilder einen Weg fand, diesen Teufelskreis zu durchbrechen: Frau L hat sich im Konflikt als Igel gesehen, ihren Mann – Herrn J – als Bären. Ihr Bild des Konfliktes war, dass sich der Igel im Streit sofort einrollt und seine Stacheln zur Abwehr nach außen richtet, während der Bär versucht, den Igel mit Prankenhieben zu verletzen bzw. mit der Kugel zu spielen. Frau L hat durch dieses Bild erkannt, dass sie sich im Konflikt öffnen muss, um ein Gespräch möglich zu machen. Im Gegenzug hat Herr J eingewilligt, seiner Frau Zeit zu lassen, damit sie die Sicherheit findet, sich ihm zu öffnen.

Achtung Falle!

Bei dieser Methode kann nicht allzu viel schief gehen. Es kann jedoch passieren, dass durch die Tierbilder die Arbeit am Konflikt ins Hintertreffen gerät und alles in Spaß abdriftet. Aber auch das hat eine positive Seite, denn das Lachen entspannt und vielleicht finden Sie allein dadurch schon einen neuen Zugang zueinander. Wichtig ist jedenfalls immer, dass man dem gewählten Tier positive und negative Eigenschaften zuschreiben kann. Denn nur so wird das Bild komplett und kann vom Gegenüber oder von einem selbst auch angenommen werden.

Beispiele für Ihre Arbeit:

Die Eule

Verschafft sich im Streit den Überblick – sie sitzt auf einem Ast und
kann rundum alles sehen. Sie be-
obachtet aber vorerst nur und reagiert nicht auf Andere. Sie kann
sich aber auch auf ihre Beute stür-
zen, die dann völlig überrascht ist.

Vorteil:
Ich als Eule reagiere nicht voreilig im Streit, sondern Beobachte zuerst.
Die Gelassenheit könnte auch Anderen gut tun.

Nachteil:
Für Andere kann dies so wirken, als wäre mir die Situation gleichgültig.
Und wenn ich mich auf Andere stürze, dann ist das ein richtiger Über-
raschungsangriff.

Der Löwe

Kann sehr laut brüllen und schreckt daher
Andere ab. Durch seine stattliche Erschei-
nung wagt es niemand, den Löwen anzugrei-
fen. Der Löwe kann aber auch ein richtiges
Schmusekätzchen sein.

Vorteil:
Mit mir als Löwen legt sich keiner an. Ich
wirke im Streit überlegen. Ich sage lautstark
meine Meinung oder verteidige Andere.

Nachteil:
Andere fürchten sich vor mir und äußern daher ihre Meinung nicht. So
kommt es zu keinem Gespräch. Meine Bedürftigkeit kann von anderen
aber auch nicht erkannt werden, weil ich ja den Starken spiele.

Wenn der Igel mit dem Bären

Diese Tiere gibt es in unserem Konflikt ...

Wer	Ist welches Tier	Vorteile	Nachteile	Was wäre gut zu ändern?

4.2 Bedürfnisse benennen: Was ich wirklich sagen will[12]

Rezept 4.2: **Was ich wirklich sagen will**
Eigene Bedürfnisse erkennen und ansprechen können

Wenn ein Streit eskaliert, fühlen sich meist beide Seiten unverstan-
den. In Sätzen wie: „Ich renne den ganzen Tag und Du schaffst nicht
mal diese Kleinigkeit", oder „Ich kann Dir ja ohnehin nichts recht
machen" ist nicht nur Vorwurf enthalten, sondern auch die Bitte, ein
Bedürfnis abzudecken – nach Anerkennung, Wertschätzung u.ä. Erst
wenn man das dahinter stehende Bedürfnis erkennt, kann sich der
Konflikt dauerhaft lösen.

Was man dafür braucht

- Zettel und Stift

- Diese Methode sollte man alleine durchführen

Wie es funktioniert

Ein Fragendiagramm soll es Ihnen ermöglichen, hinter die Fassade
Ihrer Standpunkte zu blicken. Beantworten Sie Frage um Frage, bis
Sie Ihre eigentlichen Bedürfnisse benennen können.

Blick in die Praxis

Ein Vater-Sohn-Konflikt aus meiner Praxis wird Ihnen die essen-
tielle Notwendigkeit der Klärung von Bedürfnissen weiter veran-
schaulichen: Die beiden Männer hatten keinerlei Gesprächsbasis
mehr miteinander. Der Sohn schilderte immer und immer wieder
in einem wahren Redeschwall, was er für seinen Vater alles getan
habe. Die Reaktion des Vaters war eine ebensolche – wenn auch
kürzere – Liste seinen Sohn betreffend, was diesen offensichtlich
kränkte. Als ich den jüngeren Mann fragte, warum ihm eine
derart detaillierte Schilderung seiner Tätigkeiten so wichtig sei,
antwortete er: „Weil mein Vater mich sonst nicht hört. Er soll anerkennen, was ich alles tue!" Er habe die Aufzählung immer als

---

[12] Ursprung der Methode: „Bedürfnisse klären": Mediation – Eine Quellenangabe
finden Sie im Anhang!

Vorwurf verstanden, reagierte der Senior gerührt: „Ich bin froh, dass Du so viel für mich machst!" Die beiden Männer verließen versöhnt meine Praxis.

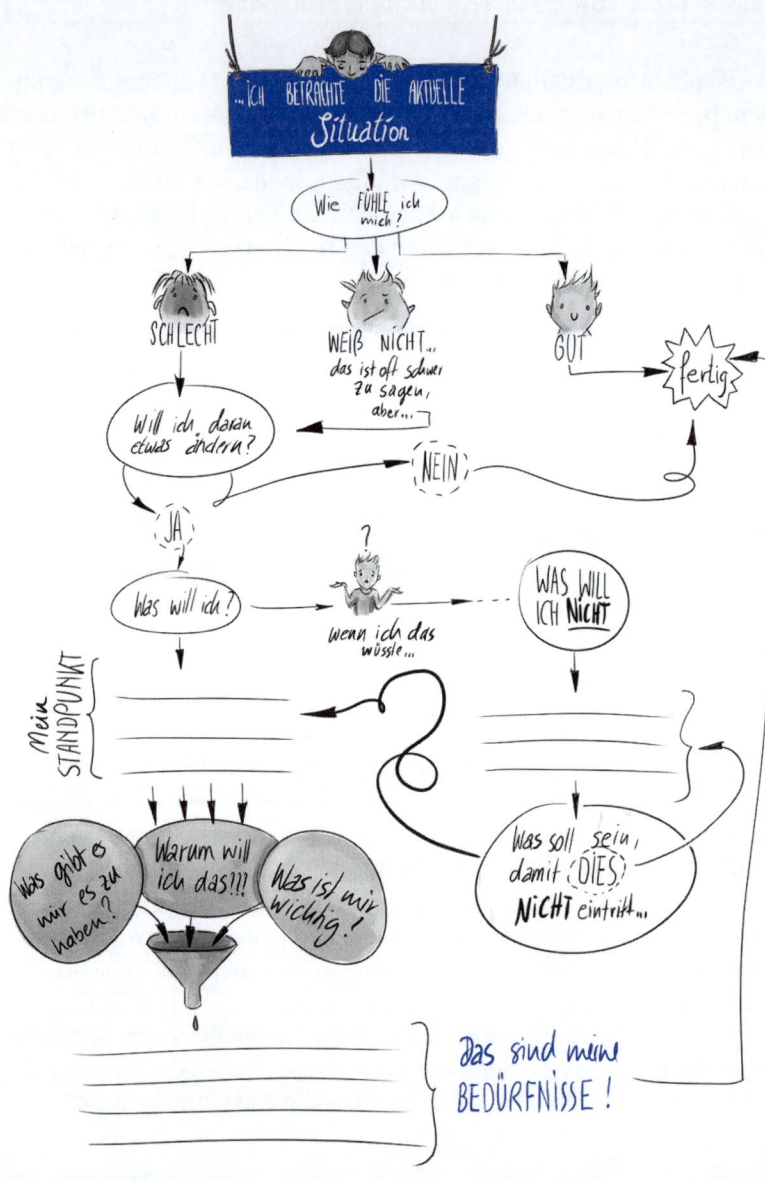

Es gibt einige Bedürfnisse, die besonders häufig zum Vorschein kommen. Die nun folgende Liste ist jedoch keinesfalls abschließend, sondern nur als Anregung gedacht:

- Sein dürfen, wie ich bin (Respekt)

- Gelobt werden (Anerkennung)

- Gehört und verstanden werden (Austausch und Wertschätzung)

- Wissen, woran ich bin (Orientierung)

- Freunde sehen können (Sozialkontakt)

- Mich sicher fühlen (Sicherheit)

Achtung Falle!

Die Falle dieser Methode besteht darin, dass man seinen Standpunkt mit einem Bedürfnis verwechselt. Es gibt jedoch einen Trick, um das eine vom anderen zu unterscheiden. Ein Bedürfnis kann man immer auf mehrere Arten abdecken. *(Beispiel: Das Bedürfnis gehört zu werden – man vereinbart einen gemeinsamen Gesprächstermin oder eine sofortige Rückmeldung im Gespräch, wenn man kein Gehör bekommen hat.)* Bei einem Standpunkt gibt es immer nur eine Lösung. *(Beispiel: Ich will den Computer!)*

Bedürfnisse erkennen

Was ich wirklich sagen will ...

(Siehe dazu Bild zur Betrachtung der Situation)

Wie fühle ich mich?

_____

_____

Was will ich?

_____

_____

Was will ich nicht?

Beispiel: ich will nicht ständig für alle erreichbar sein müssen

_____

_____

Warum will ich das (nicht)? Was ist mir wichtig? Was wünsche ich mir?

Meine Bedürfnisse sind:

Beispiel: ich wünsche mir Ruhe.

_____

_____

4.3 Rollen(erwartungen) erkennen: Wer steht mir gegenüber?[13]

Rezept 4.3: **Wer steht mir gegenüber**
Rollen klären und Erwartungen an die Rolle erkennen können

In unseren sozialen Beziehungen nehmen wir unterschiedlichste Rollen ein: Mutter oder Vater, Tochter oder Sohn, Chef/in, Geschäftspartner/in, Berater/in, Freund/in usw. Wenn jemand in einem Gespräch eine Rolle einnimmt, die wir nicht erwarten, kann es zum Konflikt kommen. Denn so treffen Rollen aufeinander, die nicht zusammenpassen. Die Folge sind Missverständnisse und Meinungsverschiedenheiten.

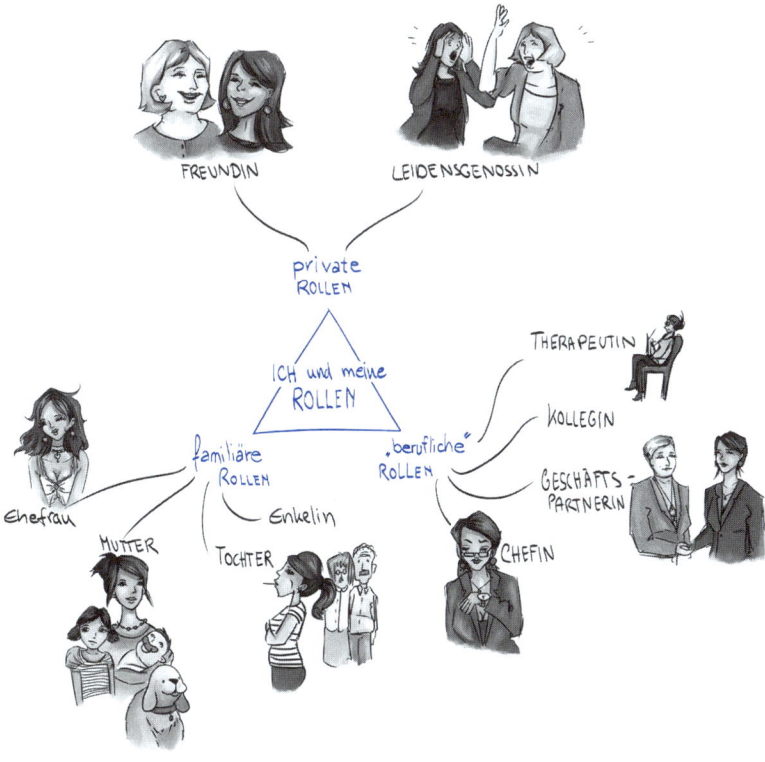

---

[13] Ursprung der Methode: „Rollenhaushalt": Psychodrama – Eine Quellenangabe finden Sie im Anhang!

Was man dafür braucht

- Zettel und Stift

- Diese Methode kann man allein, zu zweit oder in Gruppen durchführen

Wie es funktioniert

Betrachten Sie die zuvor abgebildete Grafik. Sie enthält Rollenbeispiele, die besonders häufig vorkommen. Die Grafik kann jeder passend für sich adaptieren. Überlegen Sie, welche Rollen Sie und die anderen Beteiligten in Ihrem Konflikt einnehmen. Stellen Sie sich dazu die Fragen:

- Welche Rollen habe ich in unserer Beziehung?

- Welche Rollen hat der Andere?

- Was erwarte ich vom Anderen und was erwartet der Andere von mir?

Versuchen Sie, Ihre Rollen in einer Grafik darzustellen, die Ihres Gegenübers in einer anderen.

Wenn Sie zu zweit oder in einer Gruppe arbeiten, dann vergleichen Sie nun Ihre Bilder und tauschen sich über mögliche Unterschiede oder Auffälligkeiten aus.

Im nächsten Schritt überlegen Sie miteinander oder als Einzelperson, ob Sie in der Vergangenheit schon einmal eine ähnliche Situation miteinander erlebt haben. Wie waren damals Ihre Rollen? Was haben Sie sich damals von Ihrem Konfliktpartner (z.B.: als Chef) erwartet?

Wenn Sie gemeinsam schon öfter in eine ähnliche Konfliktsituation geschlittert sind, dann kann ein „Ritual zur Versöhnung" Ihnen helfen, ein Thema endgültig abzuschließen. *(Die Anleitung zu diesem Ritual finden Sie im Rezept Nr. 5.2, „Ein Ritual zur Versöhnung").*

Nun richten Sie Ihren Blick in die Zukunft. Versuchen Sie sich zu überlegen: Was können Sie tun oder unterlassen, damit es künftig in ähnlichen Situationen klar ist, in welchen Rollen Sie aufeinandertreffen? Schreiben Sie sich diese Lösungsmöglichkeiten auf und hängen Sie sich diese Notiz – wenn Sie das möchten – an einem zentralen Ort auf.

Damit es Ihnen künftig leichter fällt, in Gesprächen zueinander passende Rollen einzunehmen, können Sie vereinbaren, Ihre Rollen zu hinterfragen. Sollte ein Gespräch nicht rund laufen und Sie vermuten einen Rollenmix dahinter, können Sie fragen: „Als wen suchst Du mich auf?", „Was erwartest Du von mir?", oder „Aus welcher Rolle heraus sprichst Du?".

Um private und berufliche Rollen leichter zu trennen, empfehle ich Ihnen bei jedem Wechsel der Rolle dies auch körperlich nachzuvollziehen. Wenn Sie und Ihr Partner zum Beispiel im gemeinsamen Betrieb tätig sind, sollten Sie beim nach Hause kommen immer sofort eine bestimmte Handlung setzen: etwa die Hände waschen, sich umziehen oder bewusst gedanklich aus der Berufsrolle schlüpfen. Sie können natürlich auch ein ganz persönliches Ritual für sich überlegen.

Eine weitere Möglichkeit, um Rollen deutlich zu machen ist, sich für jede Rolle, in der man ist, einen Sessel aufzustellen. Wenn Sie zum Beispiel als „Berater" zu Ihrer Frau sprechen, setzen Sie sich auf einen Stuhl, wenn Sie als ihr „Ehemann" zu ihr sprechen, setzen Sie sich auf den anderen Sessel. Oder Sie können den Rollenwechsel auch körpersprachlich unterstreichen, indem Sie in einer Rolle sitzen, in der anderen stehen.

Beispiele für Rollen-Konflikte
Familiäre Rollen & Berufliche Rollen

Mutter und Tochter sind Geschäftspartner in einer Firma. Als die Mutter schwer erkrankt, erwartet sie sich Fürsorge von ihrer Tochter. Die junge Frau führt das Geschäft erfolgreich allein weiter und erwartet sich Anerkennung von ihrer Geschäftspartnerin.

Eine Großmutter wird von ihrer Enkelin gepflegt, weil die alte Dame schon sehr gebrechlich ist. Die Enkelin wünscht sich oft ihre Oma aus Kindertagen zurück. (Diese Situation ist nicht veränderbar, aber es wird leichter, wenn die Enkelin sich ihrer Rollen bewusst wird.)

Familiäre Rollen & Private Rollen

Eine Mutter sieht ihre Tochter als gute Freundin und erzählt ihr über einen Streit mit dem Vater. Die Tochter möchte jedoch Kind sein und aus dem Streit herausgehalten werden.

Eine Mutter erwartet von ihrem Sohn, dass er ihr als Freund in einem Konflikt mit einer dritten Person beisteht. Der Sohn wiederum erwartet sich von seiner Mutter, dass sie ihn mit ihren privaten Streitereien unbehelligt lässt.

Berufliche Rollen & Private Rollen

Zwei Freundinnen treffen sich. Die eine erwartet einen lustigen, gemeinsamen Nachmittag als Freundinnen, die andere möchte ein therapeutisches Gespräch aufgrund ihrer privaten Situation führen.

Arbeitskollegen, die auch privat befreundet sind, verbringen gemeinsam ihre Mittagspause. Während der Eine unter Freunden vertraulich sprechen will, versucht der Andere ein Gespräch darüber zu führen, wie die Arbeit besser aufgeteilt werden könnte.

Ein Chef pflegt freundschaftliche Verhältnisse zu seinen Mitarbeitern. Diese wünschen sich jedoch, dass er als Vorgesetzter Entscheidungen trifft.

Wer steht mir gegenüber?

Meine Rollen …

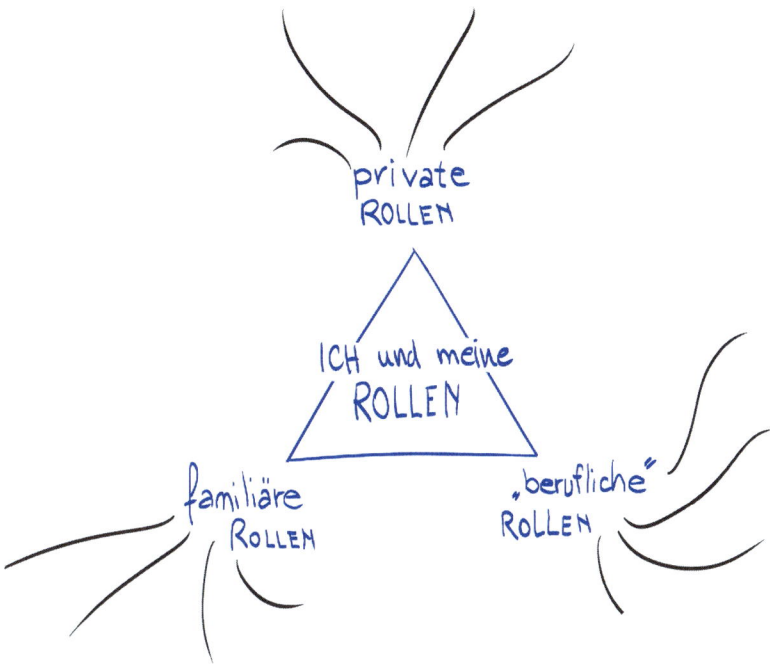

Für Ihre Notizen:

4.4 Nähe und Distanz ausgleichen: Wie nah darf ich Dir kommen?[14]

> Rezept 4.4: **Wie nah darf ich Dir kommen?**
>
> Wunsch nach Nähe bzw. Wunsch nach Distanz erklärbar und besprechbar machen

Jeder Mensch hat ein ganz persönliches Empfinden dafür, wie viel Nähe er zulassen möchte. Manche sind sehr gesellig und erzählen gerne viel von sich, andere brauchen viel Zeit für sich und geben auch nicht gerne Privates preis. In Beziehungen, unter Kollegen, Freunden oder Nachbarn kann das unterschiedliche Bedürfnis nach Nähe oder Abstand zu Irritationen führen.

Was man dafür braucht

- Spielfiguren oder kleine Steine in der Anzahl der beteiligten Personen

- Stück Schnur oder dünnes Seil

- Kärtchen und Stift

- Für diese Methode sind mindestens zwei Personen notwendig, es können auch mehrere Teilnehmer sein

---

[14] Ursprung der Methode: „Nähe und Distanz": Riemann-Thomann-Modell – Eine Quellenangabe finden Sie im Anhang!

Wie es funktioniert

Legen Sie die Schnur in einer Linie in die Mitte eines Tisches. Dann markieren Sie das eine Ende mit einem Kärtchen auf dem „Nähe" steht, am anderen Ende steht „Abstand". Nun hat jeder Beteiligte die Aufgabe zu überlegen, wie wichtig ihm persönlich Nähe oder Abstand ist. Wenn Sie sich klar geworden sind darüber, dann setzen Sie Ihre Spielfigur oder Ihren Stein auf jenen Punkt der Schnur, der Ihr Gefühl am ehesten widerspiegelt.

Die Chance, die sich durch diese Methode bietet ist, ein Gefühl sichtbar zu machen. Sobald man sehen kann, wo der andere steht, verschwindet die Wertung (z.B.: Du hast nie Zeit für mich! Du lässt mir keine Luft zum Atmen!) und man erkennt: Jeder ist so, wie er ist. Wenn man das verstanden hat, kann man einen neuen Umgang miteinander finden.

Nicht in jedem Kontext passt es, Spielfiguren zur Umsetzung dieser Methode zu verwenden. Das ist kein Hindernis! Wichtig ist es, den Unterschied im Bedürfnis von Nähe und Abstand zu erkennen und auszusprechen. Wenn Sie sich wohler fühlen, können Sie das Gespräch etwa im Zuge eines Spaziergangs mit Ihrem Partner führen.

Probleme mit unterschiedlichen Nähe-Abstand-Bedürfnissen sind in zwischenmenschlichen Beziehungen recht häufig. Vielleicht erkennen Sie sich in dem einen oder anderen Beispiel wieder:

1. *Nähe und Abstand in Beziehungen:* Ein Partner will möglichst viel Zeit mit dem Anderen verbringen. Der Andere braucht eigene Freiräume.

2. *Nähe und Abstand im Beruf:* Eine Kollegin wünscht sich auch privaten Kontakt, sie möchte die Pausen gemeinsam verbringen, die Geburtstage feiern usw. Die andere Kollegin will Berufliches und Privates trennen.

3. *Nähe und Abstand in Freundschaften:* Ein Mann definiert für sich Freundschaft mit häufigen Treffen und Telefonaten. Für den Anderen reichen auch Kontakte „bei Bedarf", um eine Freundschaft verwirklicht zu sehen.

4. *Nähe und Abstand in der Nachbarschaft:* Ein Nachbar läutet häufig beim anderen, um ihn zu gemeinsamen Gesprächen, einem Essen oder einem Getränk einzuladen. Der andere Nachbar lebt aber lieber zurückgezogen und möchte seine Ruhe haben.

Achtung Falle!

Bei unterschiedlichen Nähe-Abstand-Empfindungen liegt die Falle darin, den Anderen ändern zu wollen. Das Bedürfnis nach einem bestimmten Grad an Nähe oder Distanz ist in jeder Persönlichkeit tief verwurzelt. Akzeptieren Sie, dass Ihr Gegenüber so fühlt wie er oder sie fühlt.

Wie nah darf ich Dir kommen?

Was ist mir wichtig … was ist Dir wichtig …

Was bedeutet für mich Nähe?

_____

_____

_____

_____

Was bedeutet für mich Distanz?

_____

_____

_____

_____

Wie können wir damit umgehen?

_____

_____

_____

_____

4.5 Konflikt-Anheizer besänftigen: Wer sind meine Einflüsterer?[15]

Rezept 4.5: **Wer sind meine Einflüsterer?**
Innere Anheizer des Konfliktes erkennen und besänftigen

Kennen Sie das Bild: Ein Mann hat auf seinen Schultern einen Engel und einen Teufel sitzen. Beide flüstern ihm unentwegt Verhaltensratschläge zu. Jeder von uns hat diese Antreiber in sich, die sich in Konflikte immer wieder einmischen wollen. Ihre Aufgabe ist es herauszufinden, welche innere Stimme Ihnen das Leben schwer macht.

Was man dafür braucht

- Bilder der „Inneren Antreiber" (siehe Folgeseiten)

- Diese Methode können Sie allein, zu zweit oder in kleinen Gruppen durchführen

---

[15] Ursprung der Methode: „Personal Working Styles" Transaktionsanalyse – Eine Quellenangabe finden Sie im Anhang!

Wie es funktioniert

Es gibt unzählige Eigenschaften, die Ihre Persönlichkeit ausmachen. Diese Eigenschaften haben auch eine Stimme und sie melden sich in Ihnen zu Wort. Viele davon sind positiv – die Engel auf Ihrer Schulter – und helfen mit, den Streit zu beruhigen. Es gibt aber auch innere Stimmen, die einen Konflikt anheizen und damit oft auch eskalieren lassen. Es gibt eine Möglichkeit, diese Teufelchen auf Ihrer Schulter zu enttarnen.

Die häufigsten Stimmen finden Sie auf der nächsten Seite beschrieben. Sehen Sie sich jede Figur an, lesen Sie die dazugehörigen Eigenschaften durch und versuchen Sie herauszufinden, welche dieser inneren Stimmen Ihren Konflikt anheizt. Natürlich ist es auch möglich, dass sich mehrere Antreiber zu Wort melden. Aber meistens versucht in einem Streit eine dieser Stimmen besonders laut sich Gehör zu verschaffen.

Wenn Sie eine Figur ausgewählt haben, dann führen Sie in Gedanken ein Gespräch mit ihr – wie ein Interview. Fragen Sie die Figur zum Beispiel: „Wozu bist du da?", „Was hast Du mit mir und meinem Konflikt zu tun?", „Warum bist Du so laut?", „Wie kann es gelingen, dass Du etwas leiser wirst?".

Wenn Sie erkannt haben, wozu die vermeintlich störende innere Stimme da ist, kann sie sich in etwas Positives verwandeln. Durch die konkrete Vorstellung verliert sie ihren Stachel und Sie können diese Eigenschaft annehmen. Sie können sich auch zu zweit oder in einer kleinen Gruppe darüber austauschen, welche der Antreiber auf Sie zutreffen.

Wenn Ihnen der innere Dialog mit Ihrem Antreiber schwer fällt oder gar nicht gelingt, versuchen Sie es mit einer Pille für den Durchblick. (Die Anleitung dazu finden Sie im Rezept Nr. 5.1, „Die Pille für den Druchblick").

Der **Zeitdruck** sagt: „Beeil Dich!"

- Verschwende keine Zeit!
- Bringe etwas weiter!
- Tue Vieles gleichzeitig!

Der **Perfektionismus** sagt: „Sei perfekt!"

- Gut ist nicht gut genug!
- Mach keine Fehler!
- Sei gründlich und genau!

Die **Liebenswürdigkeit** sagt: „Mach es allen recht!"

- Sag niemals „nein"!

- Schau, dass es allen gut geht!

- Sei Dir selbst nicht so wichtig!

Die **Härte** sagt: „Sei stark!"

- Halte alles aus!

- Komm alleine zurecht!

- Bewahre Haltung!

Achtung Falle!

- Versuchen Sie nicht, die Figur/die Eigenschaft zu unterdrücken oder aus Ihrem Denken zu verbannen. Sie wird dadurch nur noch lauter werden. Es geht auch nicht darum, dem Gegenüber mitzuteilen, dass er/sie auf eine bestimmte Eigenschaft (z.B.: den Perfektionismus) verzichten soll. Diese Antreiber sind Teil der Persönlichkeit.

- Ziel der Methode sollte es sein sich zu überlegen, wie man mit der Eigenschaft in einem bestimmten Konflikt umgehen kann.

Blick in die Praxis

Ein Beispiel aus meiner Praxis macht deutlich, wie hilfreich die Auseinandersetzung mit seinen Antreibern ist: Ein Mann und eine Frau arbeiteten seit Jahren als Team gut zusammen. Ihre Persönlichkeiten waren völlig unterschiedlich, was viel Positives für die gemeinsame Arbeit mit sich brachte (z.B.: unterschiedliche Zugänge und Sichtweisen), aber auch zu Reibungspunkten führte. Ihr war es wichtig, Dinge möglichst genau zu besprechen und vorab zu klären wer was bis wann macht. Er war besonders auf Effizienz bedacht, dass Dinge schnell abgehandelt werden. Die gemeinsamen Besprechungen gestalteten sich dann oft unbefriedigend für beide: Während die Frau eine riesige Liste vorbereitet hatte und abarbeiten wollte, brach der Mann die Sitzung nach einer bestimmten Zeit abrupt ab, da er keine Zeit mehr dafür vorgesehen hatte.

Beide nahmen die daraus folgenden Konflikte persönlich, was die gemeinsame Arbeit beeinträchtigte. Er hatte das Gefühl, seine Arbeitskollegin traue ihm nicht und wolle deshalb alles so penibel planen. Sie wiederum warf ihm vor, sich für die gemeinsame Sache keine Zeit zu nehmen.

In einem angeleiteten Dialog bemerkten die beiden, wer die Antreiber hinter ihrem Konflikt waren: Die Frau erkannte ihren „Perfektionismus" als Anheizer, der Mann seinen „Zeitdruck". Jeder arbeitete daraufhin für sich daran, den Einfluss seiner dominanten Eigenschaft in der gemeinsamen Arbeit zu verkleinern. Aber beide lernten, die Antreiber des Anderen zu akzeptieren und nicht als persönlichen Angriff zu sehen.

Wer sind meine Einflüsterer?

Mein Einflüsterer ist:

_____

Interview mit meinem Einflüsterer:

Wozu bist Du da?

_____

_____

Was hast Du mit mir und meinem Konflikt zu tun?

_____

_____

Warum bist du so laut?

_____

_____

Wie kann es gelingen, dass Du etwas leiser wirst?

_____

_____

5. Kapitel

Zutaten zur Versöhnung

Diese Rezepte helfen Ihnen dabei, sich in der schwierigen Situation zu stärken bzw. sich versöhnlicher zu stimmen.

Zutaten zur Versöhnung	Rezept
Innern Druck lindern	Die Pille für den Durchblick
Unerfüllte Wünsche verabschieden	Ein Ritual zur Versöhnung
Das Gute sehen können	Die Bohnen des Glücks
Sichtweisen erweitern	Zirkeltraining für gegenseitiges Verständnis
Hoffnung schöpfen	Ein kleiner Helfer in der Tasche

5.1 Inneren Druck lindern: Die Pille für den Durchblick[16]

Rezept 5.1: **Die Pille für den Durchblick**
Inneren Druck in schwierigen, belastenden Situationen lindern

Wer wünscht sich nicht hin und wieder eine einfache Lösung für ein schwieriges Problem? Etwa eine Tablette, die einem sofort den Durchblick im zwischenmenschlichen Wirrwarr verschafft. Klingt einfach – ist es auch! Verordnen Sie sich doch selbst dieses Medikament, das es Ihnen ermöglicht, neue Ressourcen in sich zu entdecken und Ihr Konfliktverhalten zu überdenken.

Was man dafür braucht

- Traubenzucker oder Bonbons als Tabletten

- Die Methode ist allein oder mit mehreren Personen durchführbar

Wie es funktioniert

Stellen Sie sich vor, Sie sind ein Arzt, der für jedes Problem das richtige Medikament kennt. Welche Tablette würden Sie sich in ihrem Konfliktfall verordnen? *(Beispiel: Die Medizin kann etwa eine Dosis Geduld, Durchhaltevermögen, Gelassenheit, Mut, Verständnis für eine Situation oder eine andere Person u.v.m. sein.)* Es kann sein, dass es Ihnen zu Beginn schwer fällt, eine geeignete Medizin zu finden.

Suchen Sie das geeignete Medikament dennoch in sich und nicht im Anderen. *(Beispiel: „Ich muss mir mehr Zeit nehmen" – statt: „Peter soll mir Zeit geben.")*

Im nächsten Schritt überlegen Sie, in welcher Dosierung Sie das Medikament benötigen. *(Beispiel: In diesem Fall verordne ich mir zwei Tabletten Gelassenheit und eine Tablette Mut, mich dem Konflikt zu stellen.)* Danach nehmen Sie die Medizin ein und fragen sich, woran Sie die Wirkung erkennen können?

---

[16] Ursprung der Methode: „Selbstreflexion" Praxis Susanne Lederer

Variante 1: Wenn Sie die Methode als Selbstreflexion durchführen, überlegen Sie weiter: Wie verändert mich die Medizin? Was bewirkt das Medikament in mir? Welche Personen in meinem Umfeld bemerken, dass ich den Wirkstoff eingenommen habe und woran merken sie es? Welche positiven Auswirkungen hat die Medizin auf den Konflikt?

Variante 2: Führen Sie die Methode innerhalb der Familie oder in einer Gruppe durch, können Sie die unter Variante 1 angeführten Fragen auch den anderen Personen stellen. *(Beispiel: Wie verändert mich die Medizin aus Deiner Sicht?)* Sie sollten einander dabei positives Feedback geben, denn Lob erhöht die Wirkung!

Das Gute an dieser Form der Medizin ist, dass sie völlig frei von Nebenwirkungen ist!

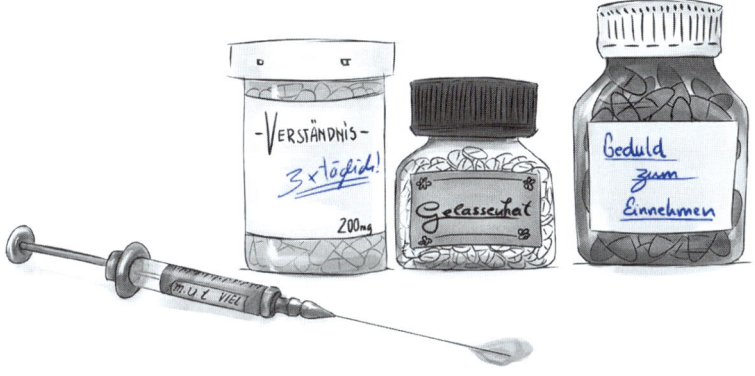

Achtung Falle!

Wichtig ist, dass nur jeder sich selbst ein Medikament verschreiben kann. Verordnet man einer anderen Person eine bestimmte Tablette, entsteht im Gegenüber meist das Gefühl sich für ein mögliches Defizit rechtfertigen zu müssen. Die Folge kann eine Eskalation des Konfliktes sein!

Für Ihre Notizen:

5.2 Unerfüllte Wünsche verabschieden: Ein Ritual zur Versöhnung[17]

Rezept 5.2: **Ein Ritual zur Versöhnung**

Unerfüllte Wünsche verabschieden und Vorwürfe fallen lassen

In jeder Beziehung, ob zwischen Eltern und Kindern, Partnern, Kollegen oder Freunden, kommt es früher oder später zu Verletzungen. Diese Wunden können Narben auf der Seele hinterlassen, die dem gegenseitigen Vertrauen im Weg stehen und in Konflikten eine zusätzliche, massive Hürde darstellen. Versöhnungsrituale können heilsam sein und ein endgültiges Abschließen mit einem Thema möglich machen.

Was man dafür braucht

■ Karteikärtchen oder Papierblätter

■ Stift

■ Fantasie

■ Die Methode ist allein oder in kleinen Gruppen durchführbar

Wie es funktioniert

Schreiben Sie zu Beginn des Versöhnungsrituals den Vorwurf auf eine Karte. Nehmen mehrere Personen teil, ist es wichtig, diesen Auslöser einer Verletzung verdeckt aufzuschreiben und die Karte umzudrehen. Niemand soll den Vorwurf lesen können.

Danach formen Sie mit den Händen eine Schale und stellen sich die Frage: Was hätte ich mir statt der Verletzung gewünscht? *(Beispiel: Der Vorwurf: „Du warst nie da!", Der Wunsch: „Ich hätte mir gewünscht, Du wärst mir beigestanden!")* Diesen Wunsch legen Sie dann imaginär in die Schale und stellen sich dabei vor, wie der Wunsch aussehen könnte. *(Beispiel: Ist er groß oder klein, weich oder hart, hat er eine bestimmte Form oder Farbe etc.)*

---

[17] Ursprung der Methode „Verletzungen loslassen": Praxis Christine Blumenstein-Essen

Im nächsten Schritt überlegen Sie sich welchem Element – Erde, Feuer, Luft oder Wasser – Sie diesen nicht erfüllten Wunsch übergeben möchten.

Dann gehen Sie zu einem Fenster und lassen ihn los. Stellen Sie sich dabei vor, wie dieser nicht erfüllte Wunsch im Meer versinkt, im Feuer verbrennt, tief in der Erde vergraben ist oder im Wind davonfliegt. Je konkreter Ihre Vorstellung ist, desto eher werden Sie feststellen, dass Ihr unerfüllter Wunsch ein gutes Ende nimmt. *(Beispiel: Nahrung für einen Fisch oder Asche, auf der etwas wachsen kann usw.)* Lassen Sie sich genug Zeit bei diesem Ritual!

Als Abschluss reflektiert man noch alleine oder mit den Personen, die an dem Versöhnungsritual teilgenommen haben, inwieweit sich nun an der Situation, dem Verhältnis zueinander oder dem Gefühl etwas verändert hat. Während des Rituals sollte hingegen nicht miteinander gesprochen werden.

Blick in die Praxis

Für manche meiner Klienten sind diese Rituale etwas ungewohnt. Lassen sie sich jedoch darauf ein, geht schnell alle Scheu verloren und sie können ein belastendes Kapitel abschließen. Zwei wunderbare Bilder haben in meiner Praxis Frau A und Herr S in ihren Versöhnungsritualen gefunden: Frau A hat ihren unerfüllten Wunsch als ein Stück Olivenholz gesehen, das sie einem Fluss übergeben hat, von dessen Wellen es ins Meer getragen wurde. Herr S wiederum hat seinen unerfüllten Wunsch als Stein in Gedanken auf einen hohen Berg getragen und an die Sonne gelegt. Die beiden haben gespürt, dass sie dieses Loslassen der Vorwürfe einander näher gebracht hat und sie wieder positive Empfindungen füreinander hatten.

Achtung Falle!

Das Ritual kann nur dann zu einer Versöhnung führen, wenn die zugrunde liegende Verletzung nicht wieder zum Thema wird. Ansonsten besteht die Gefahr, dass man sich erneut in Diskussionen über den Vorfall verstrickt. Voraussetzung für das Gelingen ist daher, dass der auf der Karte notierte Vorwurf während des Rituals ausschließlich für den Ausführenden sichtbar ist und das Papierstück danach vernichtet wird. Die übrigen Anwesenden sind stumme Zeugen des Versöhnungsrituals.

Es gibt aber auch Verletzungen, die sich durch ein einfaches Ritual nicht heilen lassen. Wenn Sie feststellen, dass sich in Ihnen keinerlei Veränderung ergeben hat oder Ihre negativen Gefühle und Vorwürfe sogar noch stärker geworden sind, sollten Sie psychologische oder psychotherapeutische Hilfe in Erwägung ziehen.[17]

Ein Ritual zur Versöhnung

Diesen Wunsch lasse ich ziehen:

Ich hätte mir gewünscht

_____

_____

Wie sieht er aus?

_____

_____

Welchem Element übergebe ich den Wunsch?

_____

_____

Wie geht es mir jetzt?

_____

_____

5.3 Das Gute sehen können: Die Bohnen des Glücks[18]

Rezept 5.3: **Die Bohnen des Glücks**
Den Blick vom Negativen abwenden und das Gute (wieder) sehen können

In Konflikten neigen wir alle dazu, Negativem besonders große Bedeutung beizumessen. Das Positive kann man dadurch leicht aus den Augen verlieren. Dabei ist es so wichtig, die positiven Momente zu erkennen, die einem den Weg zur Versöhnung weisen. Mit Hilfe der „Bohnen des Glücks" können Sie selbst in schwierigen Zeiten das Positive erkennen.

Was man dafür braucht

- Eine Hand voll kleiner, roher Bohnen

- Die Methode sollte man alleine durchführen

Wie es funktioniert

Stecken Sie in der Früh eine Hand voll Bohnen in eine Ihrer Hosentaschen. Die Bohnen werden Sie durch den ganzen Tag begleiten. Um ungewollte Fragen von Kollegen oder Familienmitgliedern zu vermeiden, wählen Sie an diesem Tag möglichst bequeme, weite Kleidung.

Ihre Aufgabe an diesem Tag ist es, bei jedem positiven Ereignis eine Bohne aus der einen Hosentasche zu nehmen und in die andere zu stecken. Positiv kann etwa eine bestimmte Begegnung sein, ein Gefühl, ein liebes Wort, ein köstliches Essen, ein Erfolg, eine Stimmung, eine gute Nachricht, eine Berührung, Musik uvm.

---

[18] Ursprung der Methode „Tagesrekonstruktion zu Positivem": Glücksforschung/ Positive Psychologie – Eine Quellenangabe finden Sie im Anhang!

Am Abend können Sie dann Bilanz über Ihren Tag ziehen. Nehmen Sie alle Bohnen aus der „positiven" Hosentasche. Sie werden überrascht sein, wie viele es sind. Nun versuchen Sie, sich an jedes einzelne, positive Ereignis des Tages zu erinnern. Die Bohnen des Glücks werden Ihnen dabei helfen!

Achtung Falle!

Die Bohnen des Glücks können nur dann wirksam werden, wenn Sie offen für die Methode und ehrlich zu sich selbst sind. Gehen Sie nicht mit der Einstellung an die Sache heran sich zu beweisen, dass es momentan nichts Positives rund um Sie herum gibt. Denn dann werden Sie das Glück nicht erkennen (wollen). Damit schaden Sie vor allem sich selbst.

Variante: Koffer packen

Was man dafür braucht

- Moderationskarten/Zettel
- Stifte
- Diese Methode kann man allein, zu zweit oder in der Gruppe durchführen

Wie es funktioniert

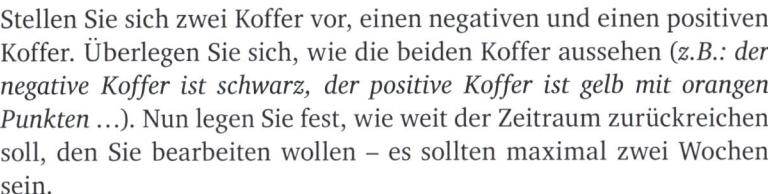

Stellen Sie sich zwei Koffer vor, einen negativen und einen positiven Koffer. Überlegen Sie sich, wie die beiden Koffer aussehen (*z.B.: der negative Koffer ist schwarz, der positive Koffer ist gelb mit orangen Punkten …*). Nun legen Sie fest, wie weit der Zeitraum zurückreichen soll, den Sie bearbeiten wollen – es sollten maximal zwei Wochen sein.

Der nächste Schritt ist, dass Sie den negativen Koffer befüllen. Denken Sie darüber nach, welche Dinge Sie dort einpacken wollen und listen Sie diese auf einem Zettel auf. Dabei sollten Sie vor allem auch die negativen Gefühle rund um den Konflikt einpacken (*z.B.: Ärger über Deine Unpünktlichkeit, Enttäuschung darüber, dass Du mir nicht geholfen hast …*). Den Zettel mit der fertigen Liste drehen Sie um und legen ihn auf den Boden in den imaginären Koffer. Danach sperren Sie in Ihrer Vorstellung alle negativen Begebenheiten in den Koffer ein.

Nun wenden Sie sich dem positiven Koffer zu. Auf kleineren Zetteln oder Mod-Karten notieren Sie sich, welche positiven Aspekte es in Ihrer Beziehung in letzter Zeit gegeben hat. Worüber haben Sie sich gefreut? Was hat Sie überrascht? Jedes positive Ereignis bekommt einen eigenen Zettel. Stapeln Sie diese Zettel übereinander, damit Sie sehen, wie viele es sind. Auch hier werden Sie überrascht sein!

Achtung Falle!

Tappen Sie nicht in die Falle am schwarzen Koffer hängen zu bleiben. Stellen Sie den imaginären Koffer ganz bewusst außer Sichtweite, damit Sie sich gut lösen können. Nur wenn Sie sich ganz auf das Packen des bunten, positiven Koffers konzentrieren, kann er auch richtig prall gefüllt werden.

Koffer packen ...

Der schwarze Koffer und der gelbe Koffer

In den schwarzen Koffer packe ich ...	In den gelben Koffer packe ich ...

5.4 Sichtweisen erweitern: Zirkeltraining für gegenseitiges Verständnis[19]

Rezept 5.4: **Zirkeltraining für gegenseitiges Verständnis**
Sichtweisen erweitern und aus anderen Perspektiven mehr sehen

Es mag für den einen oder anderen vielleicht schon ein paar Jahre her sein, aber Sie erinnern sich bestimmt noch an das Zirkeltraining im Sportunterricht. Ein ähnlicher Stationenlauf kann Ihnen in Konflikten zu mehr gegenseitigem Verständnis verhelfen und damit ein wichtiger Schritt auf dem Weg zur Versöhnung sein. Falls Sie keine Sportskanone sind: Keine Sorge, dieses Zirkeltraining schafft jeder!

Was man dafür braucht

- Zwei Sessel

- Vier Kärtchen (auf eines schreibt man „Ich", auf das zweite „Ich von außen", auf das dritte „Du" und auf das vierte „Ein Fremder")

- Diese Methode kann man alleine, zu zweit oder in einer Gruppe durchführen

---

[19] Ursprung der Methode „Wahrnehmungspositionen": NLP – Eine Quellenangabe finden Sie im Anhang!

Wie es funktioniert

Ziel dieses Zirkeltrainings ist es, eine Frage aus verschiedenen Blickwinkeln zu beleuchten. Als Vorbereitung legt man das Ich-Kärtchen auf einen der Stühle, das Ich-von-außen-Kärtchen in Schrittdistanz neben diesen Stuhl auf den Boden. Das Du-Kärtchen platziert man auf dem zweiten Sessel und das Ein-Fremder-Kärtchen mindestens fünf Schritte entfernt von den beiden Stühlen ebenfalls auf den Boden.

Blick in die Praxis

Ein Beispiel aus meiner Praxis hilft mir, Ihnen die Methode möglichst einfach nahe zu bringen: Bei Frau Helene und ihrer 17-jährige Tochter Sissi hängt seit geraumer Zeit der Haussegen schief – es geht um die Schule. Die Mutter möchte Sissi genaue Vorschriften machen, wann und wie sie zu lernen hat. Und das, obwohl die Tochter eine gute Schülerin ist. Die junge Erwachsene fühlt sich bevormundet, sie will selbständig über ihre Arbeitsweise entscheiden. Keine der Frauen will von ihrem Standpunkt abweichen.

Die Frage, auf die beide eine Antwort suchen, lautet: „Was wäre für eine Versöhnung notwendig?" Mutter und Tochter einigen sich zuerst darauf, wer mit dem Zirkeltraining beginnt – es ist Sissi. Frau Helene hat nun die Beobachterrolle und darf das Geschehen nicht kommentieren.

Sissi nimmt auf dem Ich-Stuhl Platz und wiederholt dort ihre Position: „Ich will von meiner Mama nicht bevormundet werden." Dann steht sie auf, lässt sich selbst aber in Gedanken auf dem Sessel sitzen, stellt sich auf das Ich-von-außen-Kärtchen und schaut auf „sich" (auf dem Stuhl) herab. Auch auf dieser zweiten Station stellt sich die junge Frau nun die Frage: „Was wäre für eine Versöhnung notwendig?" Die Antwort spricht sie laut aus: „Die Sissi möchte gerne als junge Erwachsene und nicht als Kind gesehen werden."

Dann geht sie zur dritten Station, setzt sich auf den Du-Platz und ist damit in der Rolle ihre Mutter. Auch hier stellt sie sich wieder die Versöhnungs-Frage und spricht die Antwort abermals aus: „Ich als Mama wünsche mir, dass ich weiter einen Platz in Sissis Leben habe."

Nun kommt die letzte Station. Sissi wechselt den Platz, stellt sich auf das verbliebene Kärtchen und schlüpft in die Rolle eines Fremden, dem sie ebenfalls die Frage stellt. Seine Antwort spricht sie aus: „Das ist ein normaler Konflikt zwischen Eltern und heranwachsenden Kindern. Es braucht nur jeder von seiner Position ein wenig herunterzusteigen, dann geht das schon."

Sissi hat den Stationenlauf für gegenseitiges Verständnis abgeschlossen. Nun wechseln Mutter und Tochter die Plätze, Helene durchläuft das Zirkeltraining mit derselben Frage und Sissi hört zu.

Danach kommt eine gemeinsame Reflexion. Mutter und Tochter sprechen darüber, was sich für sie durch die einzelnen Sichtweisen verändert hat und ob sie einander nun besser verstehen. Im nächsten Schritt überlegen sich die beiden Frauen konkrete Lösungen, um in Zukunft besser miteinander klar zu kommen. *(Hinweis: Eine sehr hilfreiche Methode bei dieser Lösungssuche ist das „Brainstorming light" aus dem sechsten Kapitel dieses Buches)*

Man kann das Zirkeltraining natürlich mit mehreren Fragen hintereinander durchlaufen. Eine mögliche Nachfolgefrage im Fall von Sissi und Helene wäre zum Beispiel: „Was brauche ich, um für eine Versöhnung bereit zu sein?" Es empfiehlt sich aber, zwischen den einzelnen Zirkeltrainings eine Verschnaufpause einzulegen. Denn dieser Stationenlauf ist zwar körperlich ganz leicht zu schaffen, für den Kopf jedoch sehr anstrengend.

Achtung Falle!

Lassen Sie sich Zeit bei diesem Zirkeltraining! Wenn Sie die Stationen zu schnell wechseln und sich nicht ganz auf die jeweilige Sichtweise einlassen, funktioniert diese Methode nicht. Denn wenn Sie überall nur das „Ich" sprechen lassen, ändert sich gar nichts.

Zirkeltraining für gegenseitiges Verständnis

Was ist mir in welchem Blickwinkel aufgefallen?

Als „ICH" habe ich erkannt …

_____

_____

Als „ICH von AUSSEN" habe ich erkannt …

_____

_____

Als „DU" habe ich erkannt …

_____

_____

Als „ein Fremder" habe ich erkannt …

_____

_____

5.5 Hoffnung schöpfen: Ein kleiner Helfer in der Tasche[20]

Rezept 5.5: **Ein kleiner Helfer in der Tasche**
Hoffnung schöpfen und sich eine Stärkung in die Tasche packen

Sie kennen sicher den Trick mit dem Knopf im Taschentuch, der einem helfen soll, sich an etwas Bestimmtes zu erinnern. Ein ähnliches Hilfsmittel gibt es auch, um positive Gefühle im richtigen Moment abrufen zu können. Diese kleinen Anker sind wie gute Freunde, die immer erreichbar sind und einem in schwierigen Situationen einen guten Weg weisen – zum Beispiel in Richtung Versöhnung.

Was man dafür braucht

- Einen kleinen Gegenstand, der sonst keine Funktion hat (z.B.: Glasstein, Muschel, Perle, Stein, Ring, Armband etc.)

- Diese Methode sollte alleine durchgeführt werden

---

[20] Ursprung der Methode „Ankern": NLP – Eine Quellenangabe finden Sie im Anhang!

Wie es funktioniert

Stellen Sie sich als erstes die Frage: Welches Gefühl mag ich gerne und würde mir im Moment gut tun? Es sollte ein Gefühl sein, dass Sie in guten Zeiten mit jener Person verbunden hat, mit der Sie nun in Konflikt stehen.

Im zweiten Schritt überlegen Sie sich eine Situation in der Sie sich genau so gefühlt haben. Dann versetzen Sie sich in Gedanken wieder in diese Situation: Malen Sie sich aus, was Sie gehört, gesehen, gerochen und gefühlt haben. Je konkreter Sie dabei werden, desto besser ist es. *(Beispiel: Haben Sie das Gefühl „frisch verliebt sein" gewählt, dann überlegen Sie sich, wo genau Sie das in Ihrem Körper spüren – Kribbeln im Bauch.)*

Wenn Sie es nicht ohnehin schon getan haben, versuchen Sie das Gefühl zu benennen. Es muss kein einzelnes Wort sein, sondern kann auch eine Beschreibung sein. *(Beispiel: Meine Urlaubsstimmung, als ich meinen Mann kennengelernt habe.)* Wenn Sie das Gefühl ganz nah bei sich haben und sich wohlig damit umgeben, dann ist der richtige Moment gekommen, es zu ankern: Nehmen Sie den vorbereiteten Gegenstand in eine Hand und verbinden Sie sich in Gedanken mit ihm. Dann speichern Sie Ihr Gefühl in diesen Gegenstand.

Sie können Ihren Anker nun für den Fall der Fälle immer bei sich tragen oder als Helfer zu einem vereinbarten Konfliktgespräch mitnehmen. Er wird Ihnen das gespeicherte, positive Gefühl vermitteln, wann immer Sie es brauchen, und so ein wichtiger Wegweiser in Richtung Versöhnung sein.

Sollten Sie den kleinen Talisman einmal verlieren, dann machen Sie sich keine Sorgen. Es könnte ein Hinweis darauf sein, dass Sie den Anker nicht mehr brauchen. Sie können das Gefühl ja auch ohne diese Hilfe jederzeit wieder aufleben lassen.

Blick in die Praxis

Dass Anker nicht nur im privaten sondern auch im beruflichen Umfeld sehr hilfreich sein können, zeigt folgendes Beispiel: Zwei Mitarbeiter eines Unternehmens arbeiteten gemeinsam an der Entwicklung eines Produktes. Als sie fertig waren, einigten sie sich darauf, dass einer der beiden das gemeinsame Projekt vor der versammelten Führungsriege der Firma präsentieren sollte. Dieser erwähnte jedoch im Zuge der Präsentation die Mitarbeit seines Kollegen gar nicht, der daraufhin tief verletzt war und sich schwer tat, diesen Fehler zu verzeihen.

Auf meine Bitte hin versuchte sich der tief gekränkte Mann an die gute Zusammenarbeit mit seinem Kollegen in der Entwicklungsphase zu erinnern. Er holte sich die Freude am Schaffen von etwas Neuem wieder ins Gedächtnis und ankerte sie. Den Glasstein nahm er künftig in Besprechungen mit, in denen auch sein Kollege anwesend war. Eine weitere Zusammenarbeit der beiden Männer war daraufhin wieder möglich.

Anker eignen sich für jegliche Lebenssituation. Man kann sie ähnlich wie Glücksbringer einsetzen: etwa in Prüfungssituationen, bei Operationen, um sich an einen lieben Menschen zu erinnern, von dem man längere Zeit getrennt ist, oder auch als Stärkung von Kindern. Bei kleinen Kindern eignen sich Kuscheltiere als Anker besonders gut, die ihnen in Angstsituationen Kraft geben sollen.

Für Ihre Notizen:

6. Kapitel

Lösungen finden und servieren

6

Diese Rezepte helfen Ihnen dabei, miteinander konkrete Lösungen für den Konflikt zu finden und diese auch zu vereinbaren.

Lösungen finden und servieren	Rezept
Suche nach Ressourcen	Mit der Zeitmaschine zurück in die Zukunft
Ideen finden	Frischer Wind für neue Lösungsideen
Lösungen überdenken	Stationenlauf aus dem Ideen-Dschungel
Kreativität fördern	Nicht verzagen, Promi fragen
Vereinbarungen treffen	Klare Worte, gute Freunde

6.1 Suche nach Ressourcen: Mit der Zeitmaschine zurück in die Zukunft[21]

Rezept 6.1: **Mit der Zeitmaschine zurück in die Zukunft**
Nach Ressourcen und Unterstützung in der Vergangenheit suchen

Alles was wir brauchen, um aus einem familiären Konflikt herauszufinden, haben wir bereits in uns. Meistens gibt es in der Vergangenheit ähnliche Situationen, die man bewältigt hat oder Menschen, die geholfen haben. Nur fallen einem die Ressourcen im richtigen Moment oft nicht ein. Eine Möglichkeit, diese Lösungsstrategien sichtbar zu machen, ist die Ressourcen-Timeline – eine Art Zeitmaschine für das Wohnzimmer.

Was man dafür braucht

- Eine Schnur oder ein Seil (mindestens einen Meter lang)

- Mehrere Karteikärtchen oder Zettel

- Einen Stift mit dicker Mine

- Die Methode ist allein oder in einer kleinen Gruppe durchführbar

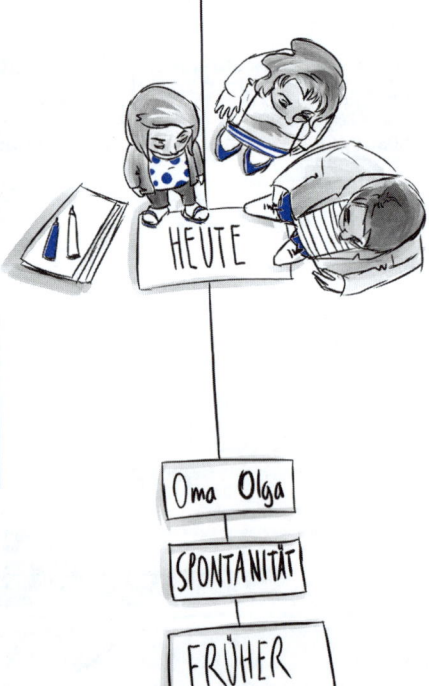

---

[21] Ursprung der Methode: „Zeitstrahl": Systemische Therapie – Eine Quellenangabe finden Sie im Anhang!

Wie es funktioniert

Die Zeitmaschine ist mit ein paar Handgriffen gebaut: Legen Sie eine Schnur in einer Linie auf den Fußboden. Dabei sollte ein Ende möglichst in Richtung einer Lichtquelle oder eines Fensters weisen. Danach beschriften Sie drei Kärtchen mit den Wörtern „Heute", „Früher" und „Ziel". Das „Heute"-Kärtchen legen Sie in die Mitte der Schnur, das „Ziel"-Kärtchen an jenes Ende der Schnur, das Richtung Lichtquelle weist und das „Früher"-Kärtchen an das andere Ende.

Nun wird die Zeitmaschine programmiert, indem Sie sich zum „Heute"-Kärtchen stellen und in Richtung „Ziel" blicken. Aus diesem Blickwinkel stellen Sie sich nun zum jeweiligen Konfliktthema die Fragen: Was ist mein Ziel? Was will ich erreichen? Was soll sich an der derzeitigen Situation ändern? Die Antworten notieren Sie sich auf mehrere Kärtchen und legen diese zum „Ziel".

Beispiel

Die Mitglieder der Familie Müller diskutieren seit einiger Zeit darüber, einen Gastschüler für ein halbes Jahr aufzunehmen, sind aber uneinig. Die einen befürchten, dass eine fremde Person einen zu großen Eingriff ins Familienleben darstellt, die anderen freuen sich auf die Gespräche, neuen Sichtweisen und Erzählungen des Schülers. Das Ziel einer Timeline wäre in diesem Fall: „Eine Lösung, die für alle passt".

Im nächsten Schritt wird die Zeitmaschine gestartet. Bleiben Sie beim „Heute"-Kärtchen stehen, drehen Sie sich aber um und blicken Sie in Richtung „Früher". Nun stellen Sie sich die Fragen: Hatten wir in der Vergangenheit Situationen, in denen wir uns nicht einig waren? Gab es Fälle, in denen ich nicht mehr weiter wusste? Wie ist es mir/uns gelungen, die Situation zu meistern? Welche Fähigkeiten waren mir dabei hilfreich? *(Beispiel: Das können Eigenschaften sein wie etwa Gesprächsbereitschaft, Zurückhaltung, oder Zielorientiertheit u.v.m.)* Was würde ich heute anders machen? Gab es Personen, die hilfreich waren? *(Beispiel: Es können auch verstorbene Personen sein, wie etwa eine Großmutter.)* Diese Antworten notieren Sie ebenfalls auf Kärtchen und legen sie zum Timeline-Punkt „Früher".

Schließlich überlegen Sie sich, welche der Ressourcen aus dem „Früher" für den heutigen Konflikt hilfreich sein könnten. Die entsprechenden Kärtchen nehmen Sie dann ins „Heute" mit. *(Beispiel: War etwa die verstorbene Großmutter mit ihren Ratschlägen in der Ver-*

gangenheit wichtig, könnte man sich zum heutigen Problem überlegen: Was würde Oma dazu sagen?) So erhält man zusätzliche Sichtweisen und Ideen zur Lösung eines Konflikts.

Achtung Falle!

Fallen den Beteiligten beim Blick zurück keine Ressourcen ein sondern nur Belastungen, sollte die Timeline sofort abgebrochen werden. In diesem Fall ist es ratsam, diese Methode nur unter fachkundiger Anleitung, etwa eines Psychologen oder Psychotherapeuten, zu machen.

6.2 Ideen finden: Frischer Wind für neue Lösungsideen[22]

Rezept 6.2: **Frischer Wind für neue Lösungsideen**
Ideen finden und die eigene Kreativität fördern

In Konflikten kommt man immer wieder an einen Punkt, an dem die Sicht auf mögliche Lösungen eines Problems verstellt ist. Es herrscht Gedankenchaos, man ist festgefahren auf die eigene Sicht der Dinge und erschöpft vom Streit. In dieser Situation kann ein Brainstorming sehr hilfreich sein. Die ursprünglich für größere Gruppen entwickelte Kreativitätstechnik wurde adaptiert, wodurch sie auch für zwei Personen bzw. kleinere Gruppen eingesetzt werden kann. So ist das Brainstorming light ohne große Vorbereitung anzuwenden. Der frische Wind in den Gehirnwindungen fördert meist nicht nur zahlreiche, sondern oft auch ungewöhnliche Idee auf den Tisch.

---

[22] Ursprung der Methode: „Brainstorming" Kreativitätstechniken - Eine Quellenangabe finden Sie im Anhang

Was man dafür braucht

■ Die Bereitschaft, neue Lösungsideen zuzulassen

■ Ausreichend Papier, am besten Karteikarten

■ Zwei Schreibstifte, möglichst mit dickerer Mine

■ Die Methode lässt sich mit zwei Personen durchführen, bis hin zu größeren Gruppen

Wie es funktioniert

Formulieren Sie das Thema in Form einer Frage. Damit wird die Richtung der Ideen festgelegt. *(Beispiel: Wie soll der Haushalt organisiert werden?)*

Die Frage sollte dabei nicht zu eng gefasst werden, um die Ideensuche nicht einzuschränken. *(Beispiel: Bei der Frage: Wer soll den Müll nach draußen bringen?, wird nicht viel Spielraum für kreative Ideen bleiben.)*

Aber auch eine zu weite Formulierung ist nicht hilfreich, da man Gefahr läuft, sich vom eigentlichen Thema zu entfernen. *(Beispiel: Wie sollen wir zusammenleben?)*

Hat sich jeder die Ausgangsfrage notiert, schreibt man seine Ideen auf Papier. Es empfiehlt sich, pro Idee ein Blatt zu verwenden, da man die Blätter in einem späteren Schritt besser sortieren kann.

Ob Sie nun gemeinsam sitzen bleiben und die Vorschläge nach und nach auf den Tisch legen, oder sich für eine definierte Zeit zur Ideenfindung zurückziehen, bleibt Ihnen überlassen. Wer Bewegung braucht, um seine Gehirnwindungen in Schwung zu bringen, kann auch im Gehen Zettel beschreiben und dann an einem bestimmten Platz wie Herbstlaub auf den Boden gleiten lassen. Gleich welche Variante Sie wählen, wichtig ist, dass die auf Papier gebannten Lösungsvorschläge von den Teilnehmern nicht kommentiert werden.

Nach dieser Kreativphase, für die Sie genügend Zeit einplanen sollten, empfiehlt sich eine kurze Pause. Danach beginnt das Sortieren der gesammelten Ideen. Dabei werden alle Vorschläge nach Gruppen geordnet. *(Beispiel: alle Vorschläge zum Thema Putzen in eine Reihe, jene zum Thema Kochen in eine andere usw.)*

Dann beginnt die Diskussion und Bewertung der Vorschläge. Die Ideenkärtchen können wie bei einer Hitliste gereiht werden. Nach und nach wird sich ein favorisierter Lösungsvorschlag herauskristallisieren.

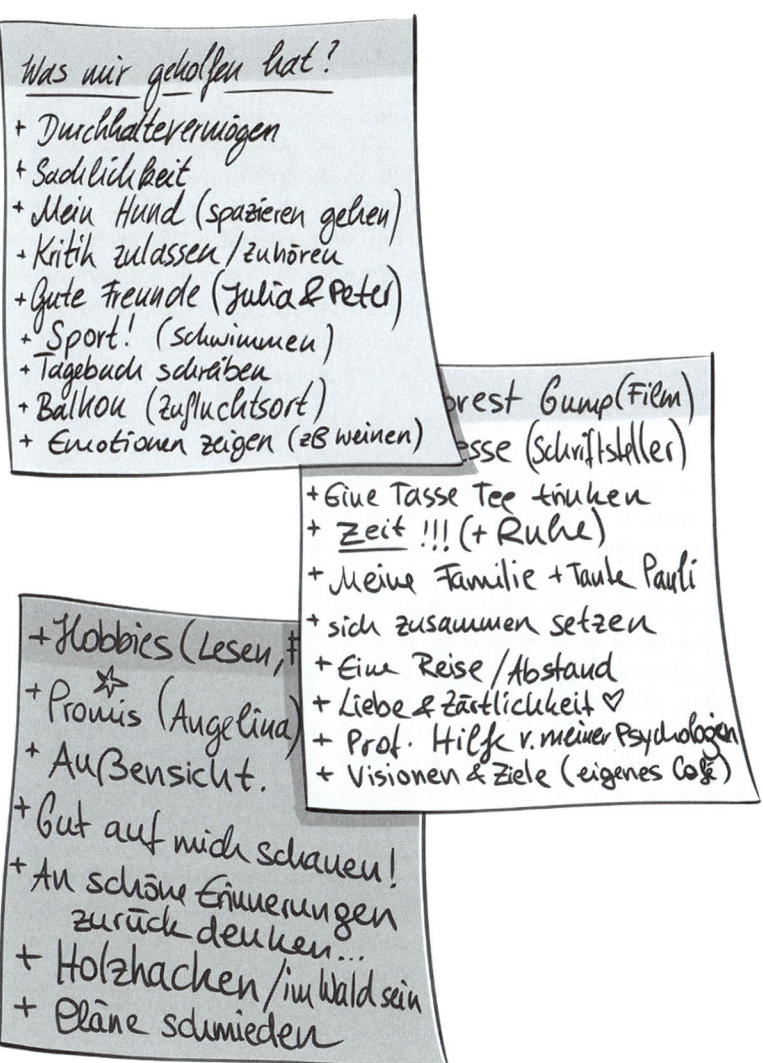

Was mir geholfen hat?
+ Durchhaltevermögen
+ Sachlichkeit
+ Mein Hund (spazieren gehen)
+ Kritik zulassen/zuhören
+ Gute Freunde (Julia & Peter)
+ Sport! (schwimmen)
+ Tagebuch schreiben
+ Balkon (Zufluchtsort)
+ Emotionen zeigen (zB weinen)

...rest Gump (Film)
...sse (Schriftsteller)
+ Eine Tasse Tee trinken
+ Zeit !!! (+ Ruhe)
+ Meine Familie + Tante Pauli
+ sich zusammen setzen
+ Eine Reise/Abstand
+ Liebe & Zärtlichkeit ♡
+ Prof. Hilfe v. meiner Psychologin
+ Visionen & Ziele (eigenes Café)

+ Hobbies (Lesen, ...
+ Promis (Angelina)
+ Außensicht.
+ Gut auf mich schauen!
+ An schöne Erinnerungen zurück denken...
+ Holzhacken/im Wald sein
+ Pläne schmieden

Achtung Falle!

Die Ideenfindung darf nicht eingeschränkt werden, Kritik an den Lösungsvorschlägen bzw. Bewertungen ist nicht erlaubt. Jeder soll seine Gedanken frei formulieren können.

Variante: Paradoxes Brainstorming

Wenn Sie bei der Lösungsfindung noch einen „kreativen Zahn" zulegen wollen, empfiehlt sich das paradoxe Brainstorming. Der Unterschied zum herkömmlichen Brainstorming liegt in der Ausgangsfrage. Diese wird so formuliert, als ob man das Gegenteil seines eigentlichen Zieles erreichen will. *(Beispiel: Wie erreichen wir in möglichst kurzer Zeit Chaos im Haushalt?)* Dieser unkonventionelle Zugang der Lösungsfindung hilft durch einen Perspektivenwechsel ausgetretene Denkpfade zu umgehen und lockert zudem die Stimmung auf. Anfangs absurd scheinende Ideen können so zu neuen Lösungsansätzen führen.

6.3 Lösungen überdenken: Stationenlauf aus dem Ideen-Dschungel[23]

Rezept 6.3: **Stationenlauf aus dem Ideen-Dschungel**
Lösungsideen finden und gleichzeitig die Umsetzung überdenken

Viele Köche verderben den Brei: Wer hat nicht schon einmal an dieses Sprichwort gedacht, wenn ein Projekt aus dem Ruder zu laufen droht. Menschen, die einander vertraut sind, können sehr unterschiedliche Vorstellungen haben. Um sicher gehen zu können, dass niemand mit seinen Wünschen und Ideen auf der Strecke bleibt, eignet sich der Stationenlauf sehr gut.

Er macht Spaß und bringt die Teilnehmer und ihre Gedanken in Bewegung.

Was man dafür braucht

- Fünf A4-Bogen Papier

- Einen Schreibstift mit dicker Mine

- Die Methode lässt sich mit zwei Personen und in kleinen Gruppen durchführen

Wie es funktioniert

Ausgangspunkt des Stationenlaufs ist eine Frage. Geht man vom Beispiel einer zu organisierenden Hochzeit aus könnte diese lauten: *Unter welchem Motto steht die Hochzeitsfeier?* Die Frage sollte nicht zu weit gefasst sein (*Beispiel: Wie organisieren wir die Hochzeit?*), sondern auf jenes Thema abzielen über das es Unstimmigkeiten gibt.

Die Frage wird von einem der Teilnehmer auf ein Blatt Papier notiert, sodass sie gut leserlich für alle ist. Auf das zweite Blatt schreibt man groß „Meine Idee", auf das dritte „Mein Vorteil", auf das vierte „Mein Nachteil" und auf das fünfte vorbereitete Blatt „Meine Aufgabe". Diese Blätter nennt man „Bodenanker".

---

[23] Ursprung der Methode: „Vierfelder-Strategie": Kreativitätstechniken – Eine Quellenangabe finden Sie im Anhang!

Nun wird der erste Zettel mit dem Thema in die Mitte einer freien Fläche auf den Boden gelegt. Um die Frage herum stellt man sich ein Viereck vor und legt an den Eckpunkten je einen der übrigen Zettel ab. Der Abstand von Blatt zu Blatt muss dabei zumindest einen Meter betragen, damit sich die Teilnehmer gut zwischen den Bodenankern hin und her bewegen können.

Einer der Teilnehmer startet nun den Stationenlauf und geht zum Bodenanker mit dem Schriftzug „Meine Idee". Dort formuliert er seinen Vorschlag für ein Hochzeitsmotto, um bei unserem Beispiel zu bleiben. Die anderen hören sich die Idee an und gehen danach mit ihren Argumenten zu den dazupassenden Papierblättern am Boden, um sie dort auszusprechen. Die Formulierung sollte dabei immer lauten „Mein Vorteil ist, dass …", „Mein Nachteil ist, dass …", oder „Meine Aufgabe ist …".

Hat jeder seine Positionen zum ersten Vorschlag auf diese Art mitgeteilt, kommt die nächste Person mit ihrer Idee zum Zug und immer so weiter. Ziel ist es, möglichst viele Ideen mit Hilfe der Bodenanker durchzudenken.

Zudem können auf diese Weise natürlich mehrere Fragen zu einem Organisationsprojekt bearbeitet werden.

Hat man auf diese Weise genügend Ideen gesammelt, setzen sich die Teilnehmer des Stationenlaufs zu einer Reflexion zusammen. Im Gespräch wird sich dann aus jenen Vorschlägen, die in die engere Wahl kommen, einer herauskristallisieren, der für alle gut umsetzbar erscheint. Den Abschluss bildet dann eine To-do-Liste mit den Aufgaben, die jeder bei der Umsetzung der Idee übernehmen wird.

Achtung Falle!

Diese Methode benötigt etwas Zeit, um in Schwung zu kommen. Aber es lohnt sich durchzuhalten und nicht vorschnell abzubrechen. Denn je lebhafter sich der Stationenlauf dann gestaltet, desto kreativer werden ihre Ideen!

Die Dynamik dieser Methode ist nicht nur der Schlüssel, sondern auch der Fallstrick. Denn in der angeregten Atmosphäre kann sich rasch eine Diskussion entwickeln. Wird aber eine Idee von den Teilnehmern vorschnell diskutiert, anstatt die eigenen Vorteile, Nachteile und Aufgaben durchzudenken und auszusprechen, erlahmt die Bewegung zwischen den Stationen und die verfahrenen Gesprächsmuster kehren zurück.

Variante: Plus/Minus-Liste

Wer sich mit der Methode der Bodenanker nicht anfreunden kann, für den gibt es die Möglichkeit einer Plus/Minus-Liste. Sie werden vielleicht als Entscheidungshilfe schon einmal eine Liste angefertigt haben, auf der sie die Vorteile und Nachteile einer Idee aufgeschrieben haben. Sie können dieses Ordnungssystem der eigenen Gedanken adaptieren und so auch für zwei Personen gut nutzbar machen.

Dazu schreiben sie, wie beim Stationenlauf, „Meine Idee", „Mein Vorteil, „Mein Nachteil", „Meine Aufgabe" auf jeweils einen Bogen Papier. Das zu bearbeitende Thema notieren sie auf einem weiteren Zettel und legen es in die Mitte des Tisches. Nun werden abwechselnd Ideen auf den dazugehörigen Papierbögen aufgeschrieben sowie jeweils die Vorteile, Nachteile und Aufgaben, die sich daraus für die beiden Teilnehmer ergeben. Die Reflexionsphase entspricht jener des Stationenlaufs.

Wichtig ist auch bei dieser Methode, dass keine Diskussion während der Ideenfindung entsteht, da sonst der Gedankenfluss unterbrochen wird. Um keine langen Wartezeiten entstehen zu lassen, eignet sich diese Form der Plus/Minus-Liste für maximal zwei Personen.

Stationenlauf aus dem Ideen-Dschungel

Hier die Ergebnisse unseres Stationenlaufes ...

Idee	Vorteil	Nachteil	Aufgaben

Für Ihre Notizen:

_____

_____

_____

_____

_____

_____

_____

_____

_____

_____

_____

_____

_____

_____

_____

_____

_____

_____

_____

_____

_____

_____

_____

_____

6.4 Kreativität fördern: Nicht verzagen, Promi fragen[24]

Rezept 6.4: **Nicht verzagen, Promi fragen**
Die Kreativität fördern und durch eine Außensicht ganz neue Ideen finden

Haben Sie schon einmal mit einem echten Star gesprochen? Oder wollten Sie einer berühmten Persönlichkeit schon immer einmal ein paar wichtige Fragen stellen? Sie haben die Möglichkeit dazu, der Promi kommt sogar zu Ihnen nach Hause! Und das Beste daran: Der Star liefert Ihnen Ideen zur Lösung Ihres Problems.

Was man dafür braucht

- Wählen Sie eine berühmte Persönlichkeit aus: Jemanden, den Sie bewundern, dessen Wesen oder Tätigkeit Sie beeindruckt (Schauspieler, Sportler, Politiker, Personen des öffentlichen Lebens, Prominente aus Society oder Adel, Comic-Helden etc.)

- Einen Reporter-Block oder Moderationskarten zum Notieren der Fragen

- Diese Methode ist auf zwei Personen ausgerichtet. Bei kleineren Gruppen sind die übrigen Teilnehmer Beobachter.

Wie es funktioniert

Ziel dieser Methode ist es, Ideen auszusprechen, an die man davor nur gedacht hat, bzw. völlig neue Lösungen auf den Tisch zu bringen. Damit das Star-Interview funktioniert, ist eine gute Vorbereitung des Gesprächs notwendig.

Nachdem Sie eine prominente Person ausgewählt haben, müssen Sie sich überlegen, was Sie den Star fragen wollen. Das Interview sollte einige Minuten dauern. Bereiten Sie daher möglichst viele Fragen vor, die sich natürlich vor allem um Ihr Problem und dessen Lösung drehen sollen. Achten Sie darauf keine (ab)wertenden Formulierungen zu verwenden. Die Fragen notieren Sie auf Moderationskarten oder auf einen Block.

---

[24] Ursprung der Methode: „Die Person als Held": Psychodrama – Eine Quellenangabe finden Sie im Anhang!

Sie als Reporter können den Promi im Gespräch um Hilfe für Ihren eigenen Konflikt bitten *(Beispiel: Sind Sie schon einmal in einer derartigen Situation gewesen? Wie sind Sie damit umgegangen? Was raten Sie mir?)* oder Sie nehmen als Reporter die Rolle des Berichtenden ein *(Beispiel: Hier bei mir sitzen Frau A und Herr B, die eine Lösung für ihren Konflikt suchen. Wie beurteilen Sie deren Situation von außen? Was meinen Sie dazu?)*.

Als nächstes wird der Interview-Ort gestaltet – zwei Sitzgelegenheiten, vielleicht ein Beistelltisch mit Wassergläsern. Diese Vorarbeit hilft Ihnen, gut in Ihre Rolle eintauchen zu können.

Danach schlüpft einer der zwei Beteiligten in die Rolle des Reporters und der andere in die Rolle des Prominenten. Wichtig ist dabei das Gespräch so realistisch wie möglich zu führen. *(Beispiel: Der Reporter begrüßt den Star: „Danke, dass Sie gekommen sind. Es ist mir eine große Freude. Bitte nehmen Sie Platz.")* Wenn das Interview zu Beginn etwas hölzern läuft ist das völlig normal. Es ist nicht wichtig, viel über den Star zu wissen, um das Interview geben zu können. Sobald Sie in Ihrer Rolle sind, fällt Ihnen schon etwas ein. Geben Sie sich Zeit, es dauert ein bisschen, bis man vollständig in die fremde Haut geschlüpft ist.

Nachdem das Gespräch beendet ist, verlassen Sie den Interview-Ort wieder und streifen Ihre Rolle ab. Die zwei Personen werten dann das Interview gemeinsam aus. Dabei steht die Frage im Zentrum: Was können wir für uns nützen? Danach werden die Rollen getauscht und ein weiterer Promi wird um Rat gefragt.

Achtung Falle!

Diese Methode steht und fällt damit, dass sich beide Personen auf ihre jeweiligen Rollen einlassen. Tun sie das nicht, ist die Gefahr sehr groß, dass der Streit im Gespräch wieder aufflammt. Wenn Sie in der Vorbereitung merken, dass sich etwas in Ihnen gegen dieses Interview sträubt, dann sollten Sie es offen aussprechen und lieber eine andere Methode zur Lösungsfindung wählen.

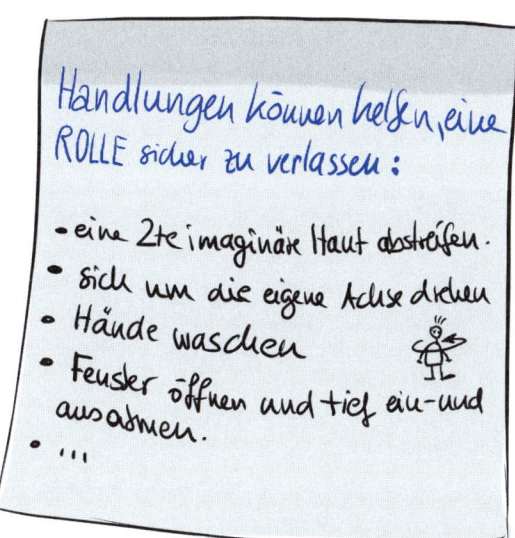

Nicht verzagen – Promi fragen

Was haben wir in dem Interview mit dem Promi herausgefunden?

Ausgewählter Promi:

_____

Was meinte der Promi zu unserer Situation?

_____

Welche hilfreichen Tipps hat der Promi uns gegeben?

_____

Was hat der Promi vorgeschlagen, das wir ändern sollten?

_____

Worin hat der Promi uns bestärkt?

_____

6.5 Vereinbarungen treffen: Klare Worte, gute Freunde[25]

Rezept 6.5: **Klare Worte, gute Freunde (Vereinbarung)**
Vereinbarungen treffen und Lösungen für eine gute Umsetzung festhalten

Ein Streit kann viel Energie kosten. Kommt man zu einer gemeinsamen Einigung, ist die Erleichterung zu recht groß. Sie können stolz auf sich sein! Doch ein letzter, wichtiger Schritt fehlt noch! Eine schriftliche Vereinbarung darüber, wer künftig was zu tun hat. Je konkreter sie ist, desto geringer die Chance, dass der Konflikt wieder aufflammt.

Was man dafür braucht

- Nehmen Sie sich ausreichend Zeit

- Papier und Stifte

- Alle Konfliktbeteiligten sollten dabei sein

---

[25] Ursprung der Methode: „Vereinbarungen" Mediation – Eine Quellenangabe finden Sie im Anhang

Wie es funktioniert

Sie können die künftigen Rechte und Pflichten der Beteiligten entweder mit Hilfe einer Aufgabenliste oder mit einem Vertrag schriftlich fixieren. Die Grundregeln sind für beide Optionen gleich:

1. Versuchen Sie eine positive Sprache zu verwenden, vermeiden Sie Verneinungen *(Beispiel: Paul erledigt seinen Abwasch, statt: Paul lässt seine schmutzigen Teller nicht immer stehen)*

2. Versuchen Sie auf Ausgewogenheit zu achten *(Die Rechte und Pflichten sollten zwischen den Beteiligten gut verteilt sein)*

3. Versuchen Sie so konkret wie möglich zu sein *(Wer macht was ab wann oder bis wann)*

4. Unterschrift aller Beteiligten

Die Aufgabenliste

Wenn Sie eine Vereinbarung mit vielen Punkten haben oder die Aufgabenverteilung klar strukturiert auf einen Blick erkennen wollen, eignet sich eine Liste sehr gut. Schreiben Sie dazu auf der Längsseite Ihres Vereinbarungsbogens die Namen der Beteiligten und auf der Querseite die Punkte „Macht was …" und „Bis wann …". Die vereinbarten Details werden in Schlagworten in die Liste eingetragen.

Wir	Macht was…?	Bis wann?
Richard	kauft neue Staubsaugerbeutel.	bis in 1 Woche (12. April)
Dagmar	repariert die Klospülung.	bis heute Abend ~22°
Leonie	Zahlt 25€ in die WG-kasse	bis 12°° am Tag der nächsten WG-party
Ludwig	lässt Dagmar die Spülung alleine reparieren - Klappt WC-Brille hinunter.	- bis Dagmar um Hilfe bittet. - Bis Dagmar und Leonie ausziehen ;)

Der Vertrag

Diese Form der Vereinbarung orientiert sich an einem juristischen Vertrag, ist aber keiner. Die vereinbarten Punkte werden in ganzen Sätzen durchformuliert. Verwenden Sie dafür einfache Formulierungen, damit klar ist, wer künftig welche Aufgaben hat. *(Beispiel: Vereinbarung zwischen Friedrich S. und Karin L: Herr S. bringt an jedem ersten Montag des Monats zwei Schachteln Kopierpapier ins gemeinsame Büro mit. Frau L. trägt jeden Freitag nach Dienstschluss das Altpapier zum Container in den Innenhof.)*

Anders als bei einem juristischen Vertrag gibt es keine Konsequenzen für den Fall, dass ein Vertragspunkt nicht eingehalten wird. Sie können Ihrer Vereinbarung aber eine Belohnungs-Klausel hinzufügen. *(Beispiel: Wenn der Vertrag sechs Monate eingehalten wurde, gehen alle Beteiligten gemeinsam essen.)* Aus psychologischer Sicht wirkt eine Belohnung wesentlich besser als eine Bestrafung.

Sowohl die Liste als auch der Text werden von allen Beteiligten unterschrieben. Dieser abschließende Akt sollte feierlich gestaltet werden. Lassen Sie sich etwas Nettes einfallen! Sie haben ein hartes Stück Arbeit gut hinter sich gebracht! Die Aufgabenliste sollte danach an einem zentralen Ort angebracht werden, sodass sie jederzeit eingesehen werden kann. *(Beispiele: in der Kaffeeküche, am schwarzen Brett, an der Familienwand etc.)*

Blick in die Praxis

Dieser Abschlussakt ist auch in meiner Praxis immer wieder etwas ganz Besonderes. Es gibt Klienten, die diesen Moment mit einem Foto verewigt haben wollen. Andere stoßen mit einem Glas Sekt an. Auch eine bestimmte Hintergrundmusik wurde schon gewünscht. Eine andere Möglichkeit ist einen „Anker" als Erinnerung an den Augenblick mitzunehmen, etwa einen kleinen Glasstein.

Die Aufgabenliste und der Vertrag können bei Bedarf nachjustiert werden. Es macht Sinn bereits in die Vereinbarung einen Reflexionstermin (z.B.: nach drei Monaten) mit aufzunehmen, bei dem einzelne Punkte nachgebessert oder neu aufgenommen werden können. Zudem sollte vereinbart werden, dass jeder Beteiligte eine gemeinsame Sitzung einberufen kann, wenn aus seiner Sicht gegen die Vereinbarung verstoßen wurde.

Achtung Falle!

Es kann natürlich immer wieder vorkommen, dass der eine oder andere Punkt einer Vereinbarung gebrochen wird. In diesen Situationen ist es wichtig, möglichst schnell eine gemeinsame Sitzung einzuberufen und über das Geschehene zu sprechen. Andernfalls ist die Wahrscheinlichkeit groß, dass demjenigen, der die Vereinbarung gebrochen hat, unterstellt wird, sich nicht daran halten zu wollen. Im Gespräch kann sich aber herausstellen, dass es aufgrund bestimmter Umstände einfach nicht möglich war, die Vereinbarung einzuhalten.

Der Bruch eines Paktes kann übrigens auch eine positive Seite haben: Die Nicht-Einhaltung ist ein wichtiger Hinweis darauf, dass dieses Abkommen noch nicht für alle passt. Sie birgt also die Chance in sich, die Vereinbarung durch weitere Gespräche für alle stimmig zu machen.

7. Kapitel

Zuordnung der Methoden zu ihren Quellen

7

7.1 Warenkunde

Mehr zum Thema Konflikte lesen Sie (beispielsweise) in: „**Selbsthilfe in Konflikten**" von Friedrich Glasl, Haupt Verlag 2015, 7. Auflage

7.2 Wenn alles überkocht

Kapitel 2.1: Zeit für den Notschalter
Die Timeout-Methode stammt aus einer Form der Verhaltenstherapie (Triple P) – nach Matt Sanders, nachzulesen in: „Verhaltenstherapeutische Standardmethoden" von Steffen Fliegel, Beltz Verlag 1994, 3. Auflage, Seite 40 und folgende
Kapitel 2.2: Runter von der Palme!
Die Methode des Cool down – der Kontrolle von Erregung – kommt aus dem Konflikttraining, nachzulesen in: „Konflikttraining" von Karl Berkel, Windmühle Verlag 2014, 12. Auflage, Seite 113 und folgende
Kapitel 2.3: Eine Blüte für alle Fälle
Das Verbalisieren kommt aus der Klientenzentrierten Gesprächsführung – nach Carl Rogers, nachzulesen in: „Klientenzentrierte Gesprächsführung – eine Lern- und Praxisanleitung für helfende Berufe" von Sabine Weinberger, Beltz Edition 1998, 8. Auflage, Seite 58 und folgende Die Basisgefühle kommen aus der Psychologischen Forschung von Paul Ekman, nachzulesen in: „Gefühle lesen – wie Sie Emotionen erkennen und richtig interpretieren" von Paul Ekman, Springer Verlag 2010, im ganzen Buch

Kapitel 2.4: Spannungen lösen mit Konflikt-Yoga

Die Problemlösungsgymnastik kommt aus der Hypnosystemischen Therapie – nach Gunther Schmidt, nachzulesen in: „Gut beraten in der Krise" von Gunther Schmidt, Manager Seminare Verlag 2011, Seite 89 und folgende

Kapitel 2.5: Besen, öffne mich!

Die Methode der Standpunktänderung wurde entwickelt in der Praxis von Susanne Lederer

7.3 Gesprächseintöpfe

Kapitel 3.1: Die Schleife des Verstehens

Die Arbeitsweise des Loopings ist abgeleitet vom Hermeneutischen Zirkel aus der Philologie, nachzulesen in: „Wahrheit und Methode. Grundzüge einer philosophischen Hermeneutik" von Hans-Georg Gadamer, Akademie Verlag 2011, 2. Auflage, Seite 195 und folgende

Kapitel 3.2: Nachricht vom Ich

Ich Botschaften sind Teil des Gordon-Modells – nach Thomas Gordon, nachzulesen in: „Die neue Familienkonferenz" von Thomas Gordon, Hayne Verlag 2012, Seite 133 und folgende

Kapitel 3.3: Schlimmer geht's nimmer

Verschlimmerungsfragen (Problemverschreibungen) stammen aus der Systemischen Therapie nach Steve de Shazer, nachzulesen in: „Systemische Interventionen" von A. Von Schlippe und J. Schweitzer, UTB Verlag 2010, 2. Auflage, Seite 50 und folgende

Kapitel 3.4: Der Schiedsrichter auf Papier

Gesprächsregeln stammen (beispielsweise) aus der Themenzentrierten Interaktion – nach Ruth Cohn, nachzulesen in: „Von der Psychoanalyse zur themenzentrierten Interaktion" von Ruth Cohn, Verlag Klett-Cotta, 2000, 14. Auflage, Seite 120 und folgende

Kapitel 3.5: Zwei Ohren gegen den Tunnelblick

Die Formulierung von konstruktiven Fragen ist zentrales Element der Systemischen Therapie, nachzulesen in: „Lehrbuch der Systemischen Therapie und Beratung" von A. Von Schlippe und J. Schweitzer, Verlag Vandenhoeck & Ruprecht 2013, Seite 249 und folgende

7.4 Blick in die Schränke

Kapitel 4.1: Wenn der Igel mit dem Bären
Die Konflikttypen stammen aus dem „Dual Concern Modell" nach Rubin, Priut und Kim, nachzulesen in: „Arbeits- und Organisationspsychologie – Lehrbuch" von Nerdinger, Blickle und Schaper, Springer Verlag 2014, 3. Auflage, Seite 125 und folgende
Kapitel 4.2: Was ich wirklich sagen will
Bedürfnisse sind psychologisch ein Teil unserer Persönlichkeit – Bedürfnistheorien sind z.B: von Abraham Maslow, nachzulesen in: „Psychologie der Persönlichkeit" von Jens Asendorpf, Springer Verlag 2004, 3. Auflage, Seite 211 und folgende
In der Mediation dient das Arbeiten mit Bedürfnissen der Konfliktklärung, nachzulesen in: „Mediation – ein Lehrbuch auf psychologischer Grundlage" von L. Montada und E. Kals, Beltz Verlag 2007, 2. Auflage, Seite 234 und folgende
Kapitel 4.3: Wer steht mir gegenüber
Die Methode „Rollenhaushalt" stammt aus dem Psychodrama – Jacob Levy Moreno, nachzulesen in: „Stellen Sie sich vor, Sie sind … das Ein-Personen-Rollenspiel in Beratung, Coaching und Therapie" von Roger Schaller, Verlag Hans Huber 2009, Seite 107 und folgende
Kapitel 4.4: Wie nah darf ich Dir kommen
Die Dimensionen „Nähe und Distanz" entstammen dem Modell „Vier Himmelsrichtungen der Seele" nach Riemann und Thomann, nachzulesen in: „Klärungshilfe – Konflikte im Beruf", von Christopf Thomann, rororo Verlag 1998, Seite 220 und folgende
Kapitel 4.5: Wer sind meine Einflüsterer
Die „Antreiber" oder „Personal Working Styles" (original gibt es 5 Stile) nach Eric Berne stammen aus der Transaktionsanalyse, nachzulesen in: „Die Transaktionsanalyse – eine Einführung" von Stewart & Joines, Herder Verlag 2000, Seite 228 und folgende

7.5 Zutaten zur Versöhnung

Kapitel 5.1: Die Pille für den Durchblick
Die Methode zur Selbstreflexion wurde entwickelt in der Praxis von Susanne Lederer

Kapitel 5.2: Ein Ritual zur Versöhnung

Die Methode des Rituals „Verletzungen loslassen" wurde entwickelt Edith Stauffer, Aron Saltiel, Christine Blumenstein-Essen, Siegfried Essen – mit freundlicher Genehmigung von Christine Blumenstein-Essen – danke!

Kapitel 5.3: Die Bohnen des Glücks

Die Methode der Tagesrekonstruktion zu Positivem nach Daniel Kahneman kommt aus der Glücksforschung und wurde adaptiert von Renate Frank, nachzulesen in: „Wohlbefinden fördern – Positive Therapie in der Praxis", von R. Frank, Klett Cotta 2010, Arbeitsblätter auf CD Seite 14

Kapitel 5.4: Zirkeltraining für gegenseitiges Verständnis

Die Wahrnehmungspositionen oder der Meta-Spiegel werden im Neurolinguistischen Programmieren (NLP) nach Bandler & Grindler genutzt, nachzulesen in: „Der Meisterschüler. Der Zauberlehrling 2. Das NLP Lern- und Übungsbuch" von Alexa Mohl, Junfermann 2006, Seite 314

Kapitel 5.5: Ein kleiner Helfer in der Tasche

Anker werden im Neurolinguistischen Programmieren (NLP) nach Bandler & Grindler genutzt, ihr Ursprung ist die „Klassische Konditionierung" nach Iwan Petrowich Pawlow - nachzulesen in: „Einführung in die Psychologie" von L. Bourne und B. Ekstrand, Verlag Klotz, 2005, Seite 133

7.6 Lösungen finden und servieren

Kapitel 6.1: Mit der Zeitmaschine zurück in die Zukunft

Der Zeitstrahl kommt aus der Systemischen Familientherapie – nach Virginia Satir, nachzulesen in: „Systemisches Handwerk – Werkzeuge für die Praxis" von R. Schwing und A. Fryszer, Verlag Vandenhoeck & Ruprecht, 2007, Seite 88 und folgende

Kapitel 6.2: Frischer Wind für neue Lösungsideen

Das Brainstorming ist eine Kreativitätstechnik entwickelt von Alex F. Osborn, nachzulesen in „Tools im Problemlösungsprozess: Leitfaden für Moderatoren" von Ch. Berndt, C. Bingel, B. Bittner, Manager Seminare Verlag 2009, Seite 76 und folgende

Kapitel 6.3: Stationenlauf aus dem Ideen-Dschungel

Die Vierfelder-Strategie ist eine Kreativitätstechnik – nach Kasper & Emlein, nachzulesen in: „QuerDenken: Tools und Techniken für kreative Kicks" von Wolfgang Kasper, Günther Emlein, VAK Verlag 2009, 2. Auflage, unter Kapitel Tool 4

Kapitel 6.4: Nicht verzagen, Promi fragen
Die Methode „Die Person als Held" stammt aus dem Psychodrama – nach Jacob Levy Moreno, nachzulesen in: „Stellen Sie sich vor, Sie sind … das Ein-Personen-Rollenspiel in Beratung, Coaching und Therapie" von Roger Schaller, Verlag Hans Huber 2009, Seite 143 und folgende
Kapitel 6.5: Klare Worte, gute Freunde
Vereinbarungen werden in der Mediation genutzt, nachzulesen in „Mediation – Lehrbuch für Psychologen und Juristen" von Montada & Kals, Beltz Verlag 2001, Seite 216 und folgende

8. Kapitel

Glossar

8